U0068960

日本統治下

台湾の「皇民化」教育

私は十五歳で「学徒兵」となった

林 景明：著

高文研

鴻儒堂出版社出版

著者の母校・山脚公学校の国旗掲揚式。1933[昭和８]年（第28回卒業記念アルバムから）

山脚公学校の昭和８年度卒業記念写真（第28回記念卒業アルバムから）。男子も女子も台湾服を着ている。なお、アルバムの冒頭には教育勅語が掲げられ、写真説明は日本語である。

1936（昭和11）年当時の山脚公学校の教職員。前列中央は野口豊就校長、同右端が著者の父・林大英、その隣りは教務主任・許添地先生、同左端は著者の４年生時の担任・陳徳輝先生。後列左端は音楽担当・葉永進先生、右端が1、2年時の担任・呉雪嬌先生。後列の背広姿の人は教員心得でまだ文官服着用の資格がない。（第31回卒業記念アルバムより）

山脚公学校創立70周年のさいの記念写真（1968年10月）。右より著者の父・林大英、野口豊就元校長、野口校長夫人、戦後の初代校長・許添地氏、戦後２代目校長・許均土氏、著者の母・蘇随。（山脚公学校卒業記念アルバムと合わせ、新井田佳子氏提供）

文官服で正装した野口豊就校長。海軍武官服を模したこの制服から、日本統治時代の教員（ひいては教育）の位置づけがうかがわれる。

野口校長の令嬢・新井田佳子さん

山脚公学校の運動部の選手たち。胸に「山」のマークをつけている（第28回卒業記念アルバムから）

台北第三高等女学校の教諭・向山斧太郎氏の文官服姿の正装。高等官であるため、肩章に金モールの房がついている。写真を提供された令息の向山寛夫氏は台北一中出身で、大著『日本統治下の台湾民族運動史』の著者。

1943（昭和18）年当時の台北第三高女の４年生たち（許平章氏提供）

著者の母校・台北州立台北第二中学校（台北二中）の校舎

1944（昭和19）年当時の台北第一高等女学校３年生の記念写真。前列左から二人目・五十嵐幸枝氏の兄・五十嵐力は、台北一中を出て軍隊に入り、小隊長となったが、台湾人志願兵の李昆賢（著者と同郷）を命令受領連絡兵にするほど台湾人を重用した。そのため戦後、李昆賢は、復員前に病死した五十嵐力に感謝する手記を書いたが、それが機縁となって五十嵐幸枝氏は「五十嵐力・李昆賢国際友情記念奨学基金」を兄の母校・建国中学（台北一中の後身）に設立した。（写真は五十嵐幸枝氏提供）

拝啓 其の後皆様には御変りは御座居ませんか
私は出発以来毎日元気です御放心下さい
台湾の今頃は真夏の時でせう当地の今は一番涼しい
時です皆様も体を御大切にして下さい
尚留守中兄弟が又幼い為万事よろしく御頼申
上げます 閑暇が有れば家の方へ寄って下さい
右簡単ながら 御通知傍々御頼迄
左様奈良

著者の従兄弟・蘇有連。フィリピンで戦死。軍服を着ているが、階級章はない。食糧生産に従事していたらしい。台湾人は、軍人よりもこうした軍属として戦地に出たものが多かった。左は、蘇有連が家族にあてた葉書。

1944(昭和19)年3月撮影の嘉義市山下青年学校第1回卒業記念写真。戦闘帽をかぶり、銃を手にしている。(『嘉義北回二二八』より)

学徒兵入隊前日（1945年6月24日）に撮影した台北二中の３年生たち（22期生）。制帽と戦闘帽が混ざっているが、次の23期生以降は全員戦闘帽となった。なお、著者たちの21期生までは入隊まで戦闘帽はかぶらなかった。（『台北二中・第二二期同好会』誌第１巻より）

著者たち台北二中の学徒兵が配属されたジャングル山中を走る木材運搬車。ポンポン車と呼んでいた。地名は牛闘（グータウ）。（『台北二中・第二二期同好会』誌第１巻より）

◀一九四二年、台湾に志願兵制度がしかれ、その第一期志願兵に応募、六カ月間の訓練を受けていた当時の李昆賢。この後、正規の部隊に配属された。

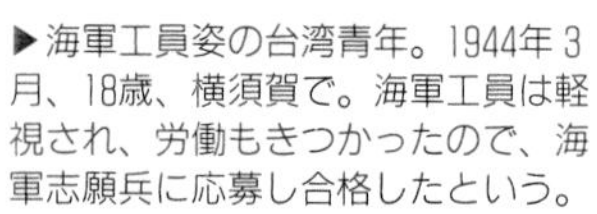

▶海軍工員姿の台湾青年。1944年3月、18歳、横須賀で。海軍工員は軽視され、労働もきつかったので、海軍志願兵に応募し合格したという。

▼1960年、蔣政権発行の著者の身分証明書。兵役のための身体検査(1955年)と抽選(56年)の記録も記載されている。

姓名　林景明
出生年月日　民國拾捌年　月伍日
性別　男
本籍　台湾省台北縣
父母姓名　林大英　林蘇隨
教育程度　成功高中畢業
職業　自耕農

年	月	日
44	9	6
45	6	19
45	6	19

兵役　身調　體檢　抽籤
戶籍記事　民國肆拾玖年　月　日發行

◈——はじめに

一八九五年から一九四五年まで、台湾は日本の植民地支配下に置かれた。ちょうど五〇年になる。

日本にとって台湾は、最初の植民地だった。台湾の亜熱帯の気候と肥沃な土地を利用して、日本は製糖業をはじめ殖産興業を推進する一方、教育制度を整備して台湾人の日本への「同化」政策をすすめた。その基軸となったのが「国語」(日本語)の普及だった。総督府が定めた台湾教育令にもはっきりと、「台湾人に国語を普及させ、日本人として同化し、徳育を施す」ことが教育の目的だと書かれている。

今日みる台湾の発展は、日本統治時代の教育の充実によるところが大きい、と言う人は多い。当時の植民地支配下を生きた台湾人自身の中にも、その声はある。日本が第二次世界大戦に敗れた後、大陸から渡って来て台湾を支配した蔣介石率いる国民党政府軍の暴虐と圧政の反動として、「まだしも日本の統治の方がよかった」という思いがあるのも事実だ。

しかし、日本統治下の台湾はまぎれもなく植民地だった。教育制度の整備はたしかにすすんだが、それは初等教育が中心であり、中等・高等教育においては明らかな差別があった。教育を通して日本がめざしていたのは、あくまで殖産興業のための労働力の養成と台湾人の「同化」であり、自治や平等を求める権利意識の高まりについては極度に警戒し、そのため中・高等教育の機会をきびしく制限したのである。

私は一九二九年（日本の年号でいえば昭和四年）九月、台北市近郊の山脚（さんきゃく）という村に生まれ、三六年四月、山脚公学校（日本人の小学校に当たる）に入学した。翌三七年七月、「日華事変」が始まる。「皇民化運動」が強化され、台湾人の家庭での「国語常用運動」が推進された。私の父と母は師範学校と女学校を出て公学校の教師をしていたため、真っ先に「国語家庭」となって模範を示すことを求められた。わが家の玄関には、表札と並べて「国語家庭」の札がかかげられた。

太平洋戦争が始まる前年、一九四〇年以降は日本式への「改姓名」が強力にすすめられた。「改姓名」をして忠誠を誓ったものには優先的に中等学校への進学を認めるともいわれた。四二年春、台北第二中学校を受験して入学した私も、受験前に林を「林田」と変えた。

台北市には当時、台北州立中学が四校あったが、第一、三、四中は日本人主体の中学校で、台湾人はごく少数しか入学を認められなかった。その中で二中だけが台湾人主体の中学だった。そのため台北二中は台湾人の〝エリート校〟として世間に認められており、したがって受験競争は熾烈をきわめたのである。

一九四五年三月、中学三年の修了と同時に、私たちは全員が「学徒出陣」させられた。私はまだ一五歳と六カ月だった。以後半年間、八月一五日の終戦まで、「台湾決戦」の掛け声におびえながら学徒兵として訓練を受け、陣地構築などの重労働に従事させられ、「遺書」まで書かせられた。学徒兵といっても給料を支給され（もっとも実際に受け取ったのは入隊直後の一八円だけで、後の月給は強制貯金させられたが）、日本軍末期の苛烈な軍隊生活はたっぷり体験させられた。

そして戦後は、日本へ渡った後、戦争中「日本軍」として戦い、戦死あるいは負傷した台湾人に対し、もはや日本国民ではないから、補償請求の権利はないと拒否する日本政府への抗議をつづけてきた。

本書は、こうした私の体験にもとづいて、植民地台湾における「皇民化教育」の実態を書いたものである。あわせて日本の台湾領有以降五〇年にわたる教育政策の歩みについても、私の入手できた限りの資料を調べて記述した。

朝鮮における日本の植民地支配、「皇民化」教育についてはだいぶ研究がすすんでいるようだが、台湾についての研究は少なく、とくに体験者による著作は一冊もない。したがってその実態は、一般にはほとんど知られていない。

本書によって、一人でも多くの方が日本統治時代の台湾の「皇民化」教育の実態について目を開いてくださり、またそれが今後の研究促進のハズミとなり、さらに日本の人々にとって「歴史の克服」のために役立つならば、私にとってこれ以上の喜びはない。

いま私の手元に、一冊の同好会誌がある。台北二中の私の一期後輩に当たる第二二期の同窓生により、一九九五年、「戦後五〇年」を期して発行された、A4判・二六四ページの大部の同好会誌である。

もし日本の方がこの会誌をご覧になったならば、きっと驚かれるにちがいない。文章を寄せているのは、巻頭の日本人恩師を除いて、もちろん台湾人ばかりであるが、その文章がすべて日本語で書かれているからである。

この後輩たちは、日本語による教育を中学二年までしか受けなかった。三年の六月には、私たちにつづいて「学徒出陣」させられたからである。その多くはまだ一四、五歳だったはずだ。

それから五〇年がたち、すでに老年期に入った人たちが、同好会誌のために文章を書き、寄稿した。それがすべて、一四、五歳までに教えられた日本語によって書かれたのである。しかもその日本語は、日本で三〇年生活した私が見ても少しも乱れていない。

なぜ日本語で書かれたかについては、その内容が、中学時代を通して最も強烈な印象として焼き付いている「学徒兵」当時の体験に集中していること、そしてそれは〝日本時代〟のことだから、日本語で書かれたのだということもあるだろう。が、それにしても、日本語を使って書いているのだから、この人々を〝反日的〟とはいえない。

しかし、その内容を読んでみると、本音が随所に出ている。公開を目的としない、同期生だけの同好会誌だから、お世辞がなく、だれもが本音まるだしで中学生活、学徒兵時代を回想しているのだが、その中には実際に体験した日本人の理不尽やいじめの事実も率直に語られているのである。日本のマスコミでよく紹介される「台湾人の本音」とは全然ちがう本音が、同期生の内輪話として語られているのである。

このことを、日本の方たちは、どのように考えるだろうか。

「皇民化」教育とは何だったのか──。日本人にとって、もちろん台湾人にとっても、考えなくてはならないことはまだまだ多い。

もくじ

◈はじめに

I 「皇民化」教育の優等生

II　植民地・台湾の「皇民化」教育の軌跡

III　戦時下台湾の中学生

IV 中学三年生の「学徒出陣」

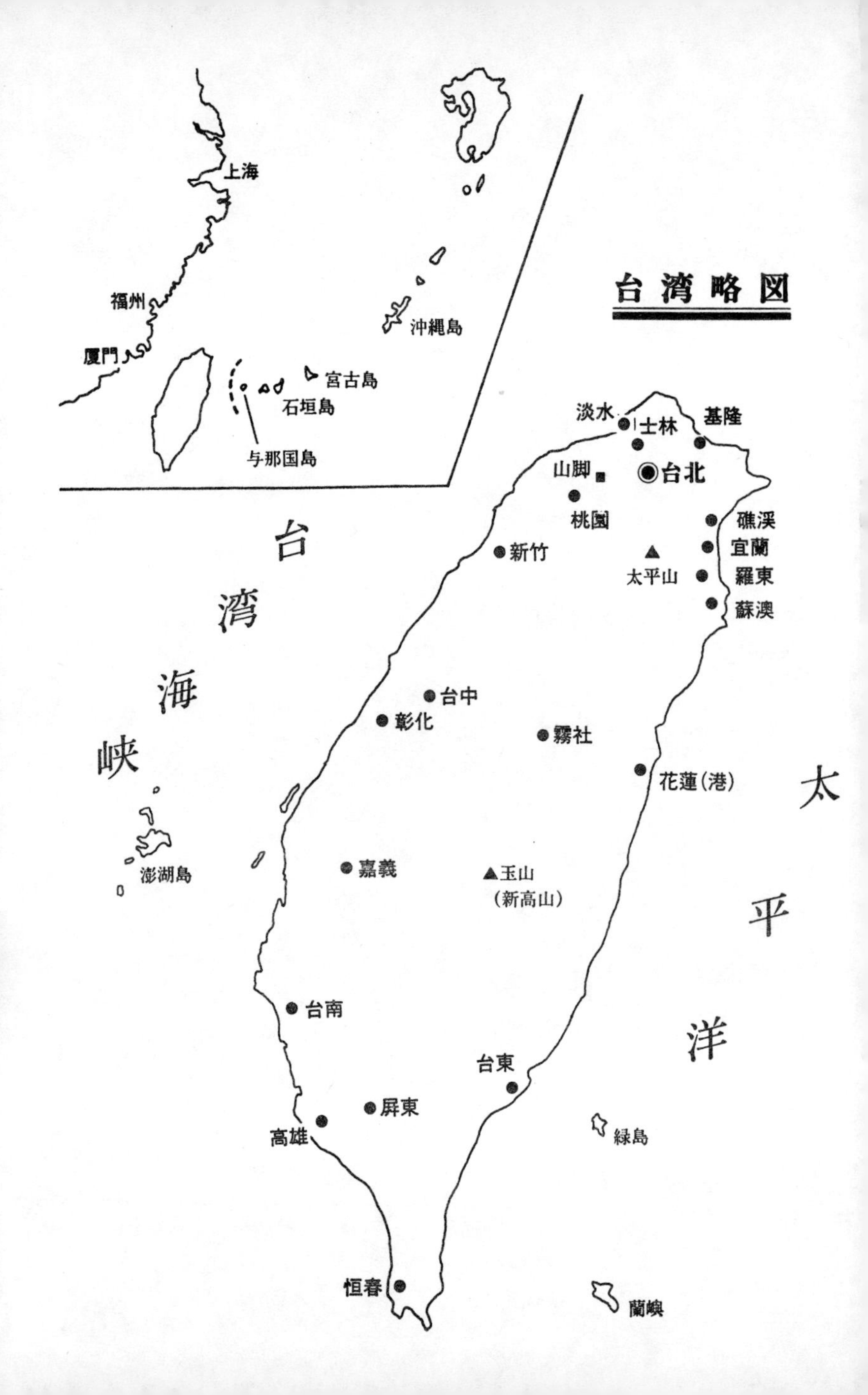
台湾略図
上海
福州
厦門
沖縄島
宮古島
石垣島
与那国島
淡水
士林
基隆
山脚
台北
桃園
礁渓
宜蘭
新竹
太平山
羅東
蘇澳
台湾海峡
台中
彰化
霧社
花蓮(港)
太平洋
澎湖島
嘉義
玉山
(新高山)
台南
台東
屏東
高雄
緑島
恒春
蘭嶼

I 「皇民化」教育の優等生

1　武官総督から文官総督、そして再び武官総督へ

一八九五年の日清戦争で台湾を領有した日本政府は、初期の台湾総督として一九一九年までに七人の武官を起用した。次の七名である。

*第一代総督——樺山資紀（すけのり）（海軍大将）
*第二代総督——桂　太郎（陸軍中将）
*第三代総督——乃木希典（まれすけ）（陸軍中将）
*第四代総督——児玉源太郎（陸軍中将）
*第五代総督——佐久間佐馬太（陸軍大将）
*第六代総督——安東貞美（陸軍大将）
*第七代総督——明石元二郎（陸軍中将）

武官総督の第一の任務はいうまでもなく台湾人の武力抵抗の制圧にあったが、一方、植民地の基礎建設を優先させて、武力抵抗を断念した台湾人に対しては懐柔策をとり、台湾人の言語・風俗を認めて同化を急がなかった。

一九一九年、武官にかわって文官の田健治郎が総督となった。以後、三六年まで文官総督時代がつづく（この間の総督は九名）。文官総督による統治の重点は産業の振興と教育を通じての台湾人の同化政策にあったが、台湾人の地位向上と自治を求める運動もあり、むきだしの同化政策は強行しなかった。

風向きが大きく変わったのは一九三一年の満州事変以降のことである。

一九三六年九月、第一七代台湾総督に就任した小林躋造海軍大将は、台湾人の「皇民化」と台湾の南進基地化を宣言した。やがて台湾は「不沈空母」とも称されるようになったが、まさにこの軍事的役割を強化するために、再び武官総督の時代に戻ったのである。しかも今度は、台湾人の言語・風俗を放逐する同化政策が乱暴に強行された。

一九三七年に入ると、四月一日に具体的な皇民化運動の開始が決定される。日本本土においても、文部省は五月三一日に「国体の本義」を刊行し、「万世一系の天皇が統治する国体」を神聖視して、皇国史観を強化するための「国体明徴運動」をおしすすめた。

日中戦争が始まったのは七月七日、周知のように盧溝橋事件からだった。当時は「支那事変」と称していたが、「戦時」とか「非常時」とかいう言葉が盛んに使われるようになった。これはそのまま「大東亜戦争」へと接続することになる（以下、支那事変はシナ事変と表記する）。同年八月、近衛文麿内閣は国民精神総動員実施要綱を決定、「尽忠報国、挙国一致、堅忍持久」の三大スローガンをかかげた。

2　母校・山脚公学校が生んだ「要視察人」

こんな時代の空気の中で、一九三六年四月一日、公学校（小学校に当たる。当時、台湾人は「公学校」で、日本人は「小学校」で学んだ。くわしくはII章で）に入った私は、皇民化運動の波をもろにかぶり、複雑怪奇な体験をさせられることになった。私の入学した公学校は、台北州新荘郡新荘街の山脚公学校である。現在は台北県泰山国民学校となっているが、その歴史は古く、日本の台湾領有から間もない一八九七年一二月九日、淡水国語伝習所新庄山脚分教場として創立された。

新庄（荘）は台南、鹿港に次ぐ、北部最大の新興都市として栄えたこともあるが、淡水河が浅くなった後は、北方下流一〇キロの台北にとって代わられた古い町である。台北市の西方一〇余キロの所に淡水港があり、新庄の西方数キロに山脚があるから、山脚公学校は首都台北周辺の農民の子弟が勉強していた田舎の小さな学校という感じである。

公学校と同時に日本政府は師範学校を設立したが、大正末期までは台湾人の進学できる上級学校を設立しなかったため、台湾人にとっては師範学校が「最高学府」だった。この点は、戦前の沖縄の事情によく似ている。その師範学校へ、農村には人材が多かったのか、山脚公学校から入学したのは私の父を含め一〇数名で、新荘公学校とほぼ同数だった。

その一人である李石樵(りせきしょう)は東京の美術学校にも進み、無審査で帝展、文展に出品できるただ一人の台湾人画家になったのだが、戦争中は定期視察を要する「要視察人」に指名されていた。野外での写生がスパイ行為になっていないかと警戒されたのである。

やはり山脚公学校、師範学校とも私の父と同期だった人に謝文程(しゃぶんてい)がいる。この謝文程は、一九二〇年代台湾の民族文化運動をになった台湾文化協会のリーダー、謝南光(しゃなんこう)とも師範学校の同期で、卒業後教職に就いたが、皇民化教育の教師として生きるのをいさぎよしとせず、まもなく教職を辞任した。だからやはり「要視察人」にされていた。

ところがこの謝文程は、日中戦争が始まると、肥料工場が火薬工場に転用されることに目をつけ、台北市の糞尿処理を請け負ったのが大当たりで、にわかに金持ちになった。そうなると、山脚の防衛団長を任命されれば引き受けざるを得ない。一九三七年一二月の南京陥落、その他の大都市陥落の時は小学生とともに祝賀の旗行列にも参加せざるを得ず、日本人の校長にすすめられるままに「大日本帝国万歳」三唱の音頭もとっていた。戦後は国民党に入り、反体制運動はしなくなったが、台北県知事になったので、先の画家、李石樵とこの謝文程の二人の「要視察人」が、山脚公学校の誇りとする人物になっている。

もう一人、台湾が日本の支配から抜け出た後、大陸からやってきた蔣介石の国府軍の専横に対し台湾人の怒りが爆発、いっせい蜂起した二・二八事件（一九四七年二月二八日）で、放送局を占拠し、全島民に決起を呼びかけた蘇阿托も山脚公学校の出身で、私の母の従弟である。蘇阿托は公学校を出ただけで、空手を習う一方、膏薬売りをしていたから、韻を踏んだ客寄せの台湾語のせりふが得意で、ラジオを通じてのその呼びかけにはとても迫力があった。だがそのために、死ぬ日まで逃亡生活を余儀なくされた。また、この暗黒時代にやはり山脚出身で戦後の師範学校に学んだ李永忠も、思想犯・政治犯として数年間投獄された。残念ながら、二・二八事件での冤罪者の補償を求めることができるようになった現在でも、こうした多くの英雄的抵抗者の存在はまだ忘れられたままになっている。

ところで、私の家には父の師範学校での同期生、謝南光が書いた『台湾人の要求』という本もあり、中学生が借りにくると、父は「絶対にほかの人には見せるな」と念を入れて注意しながら貸していた。そうした中で育った私は、中学に入る前から「要視察人」についての知識があったが、友達と話題にするのは「要注意」であることも分かっていたから、中学生になるまではほとんど話題にしなかった。

3 「国語」教育の始まり

国粋主義と軍国主義が当然視される空気の中で、二・二六事件が起きた直後の一九三六年四月に、山脚公学校に入学した私が最初に習った「国語」は、「ハナ、ハタ、タイコ、イタ」、最初に描かされた図画は「日ノ丸ノハタ」、最初に習った歌は「白地ニ赤ク、日ノ丸ソメテ、アア美シイ、日本ノハタハ」だった。

「国語」のほかに「話し方」という授業もあった。これは、たとえば兎の絵を大きな掛け図にして黒板にかかげ、「この小さい兎は草を食べています。あの大きい兎は走っています」というふうに「国語」で説明するのである。

「国語」といっても、多くの子どもには初めて学ぶ外国語だから、うまく説明できるわけがない。そうした児童は、この「話し方」の時間が恐くて登校拒否の最大の原因になったらしい。私の先輩、後輩を問わず、登校拒否は一、二年生に多かったが、それをムチでたたくほかにどうすることもできない親と、いくらたたかれても泣きわめくだけの子どもの表情は、いずれも悲哀に満ちていた。

といっても、入学早々の台湾人児童の母語を禁止することはできないから、一、二年生の担当は台湾人教師に決まっていた。私の担任も台湾人の女性教師だったが、登下校の際は校門で最敬礼すべきだと教えても、その理由は学校に天皇の「御真影」があるからだとは説明しなかった。説明しても一年生には理解できなかったのかもしれないが、天皇はこんなに偉いんだと教えたくなかったのかもしれない。それでも生徒にとっての学校と教師は、大人にとっての天皇と同様に絶対的権威をもつ存在だから、別に深く考えず、教えられたとおりに最敬礼をしていた。

毎朝の宮城遥拝（ようはい）というのも、現実の宮城（きゅうじょう）（皇居）とその主人の姿を連想することはなく、勅語奉読の時も先生にいわれるままに頭を下げているだけで、誰に頭を下げているのか分からなかった。大人にとってこんなことは「本島人」と「内地人」の使い分けみたいな常識にすぎなかったから、子どもにも説明しなかったのかもしれない。だから私は、「台湾人が本当（島）人ならば、内地人は本当の人ではないのか、どう見ても本当の人と変わりないが」と不思議に思っていた時期もあった。

二年生になって夏休み直前に日中戦争が始まったときも、この台湾人の先生は平常どおり授業をして、戦争のことには全く触れなかった。子どもたちの間でも少しも話題にならなかったが、大人の間ではかなり話題になったにちがいない。

なぜなら、シナ事変が起こったとき、日本軍部が台湾人の同化度を試すかのように、台湾青年を軍夫として徴用し、大陸戦線で働かせてみたからである。台湾の代表的民謡「雨夜花(ウヤフオエ)」の曲に合わせて「誉(ほま)れの軍夫」という歌も作られた。

一、赤い襷(たすき)に誉(ほま)れの軍夫
　　うれしい僕等は日本の男
二、君にささげた男の命
　　何で惜しかろ御国(みくに)の為に
三、進む敵陣ひらめく御旗
　　運べ弾丸続けよ戦友(とも)よ
四、寒い露営の夜は更けわたり
　　夢に通うは可愛い坊や
五、花と散るなら桜の花よ
　　父は召されて誉れの軍夫

朝鮮人は一九三八年の志願兵制度で軍人として中国戦線に出陣させられていたが、祖先が大陸からきた台湾人は、武器を持たせたら中国側に寝返る恐れがあると懸念されたから、一九四一年

までは軍夫・軍属にしかしなかった。

この赤い襷（たすき）を掛けた知り合いの軍夫の出征を、私たち小学生は全員が見送りに行った。彼は公学校を卒業していたが、日本語は片言程度だった。「作業は兵器弾薬や食糧の運送で、命令に服従するだけでよかったが、言いたいことを言えず、心身ともに苦しかった」と話してくれた。

このように命令に服従して義務を果たすだけで、権利を主張する能力がない台湾人は、この軍夫に限らない。日本の植民地支配から解放されて半世紀たった現在でも、台湾人の大多数を占める。「教育はおろそかにできないとはいえ、いたずらに文明流を注入し権利義務の論に走ることのないように考究すべきである」と言明した児玉源太郎総督や、「国家に対する忠誠と義務観念（だけ）を涵養（かんよう）すべし」と言明した田（でん）健治郎総督の教育政策が見事に成果をもたらし、それがいまだに改められていないのである。

軍夫の他に、農業義勇団と称して大陸で食糧生産に従事させられた台湾人もいた。上海だけで千名ほど確認されており、山脚から広東に派遣されたものもいたから、全体はもっと多かっただろう。そのために農耕用の水牛も台湾から徴用したことがある。背中に赤い襷を掛けられ、主人に引かれて一歩一歩あるいていく水牛は、小学生など大勢の見送り人に囲まれて異常事態を感じ取ったのか、大粒の涙をポタポタと路上に落としていた。私が動物の涙を見たのは、後にも先にもこの一回きりだった。

4 わが家は「国語家庭」

シナ事変直前に始まった皇民化運動の第一歩は、むろん「国語」普及の強化にあった。満州事変の頃から一二歳以上の未教育者を教育する国語講習所（二五歳まで）と、簡易国語講習所（一六歳以上）が設立され、一九三七年末までに前者は一八万六千名、後者は七万八千名を受講させていた。農閑期または夜間の講習だが、シナ事変以後はさらに強化され、一九四一年になると前者は三二万六千名、後者は三七万三千名へと激増した。

教室は公学校または部落の集会所で、教師は公学校教師が兼任し、私の父母も担当していた。教材は誰が決めたのか、第一高等学校の寮歌「ああ玉杯に花受けて……ひとたび立てば何事か、人生の偉業ならざらん」が女性講習生の間ではやるといった光景も出現した。

こうして「国語」普及をすすめる一方、最高指導機関である総督府文教局社会課は、一九三四年五月に「台湾語を使った者は罰金」という厳しい申し合わせをしていた。一九三七年の四月以降は、台中州庁も公務員の台湾語使用を禁止し、台北州羅東郡三星庄役場で「国語」を勉強しない者には過怠金を課すことが決定され、花蓮港庁では公務中に台湾語を使ったものは解雇という厳しい措置が取られた。

当時の台湾軍参謀長・荻洲立兵陸軍中将も、「台湾語や漢文は絶対禁止せよ。それがいやならシナへ行け」と公言してはばからなかった。一九三七年には新聞の漢文欄が廃止され、またそれまで公学校の随意科目になっていた台湾語漢文も完全に廃止された。私が入学した山脚公学校も、すでに一九三四年に漢文を自発的に廃止していた。

当時六二五校もあった公学校で、一九三七年まで台湾語漢文を教えさせたのは、わずかに三七校にすぎなかった。当時の公学校校長はすべて日本人だったから、この三七人の校長はきわめて開明的日本人だったと評価すべきだろう。

一九二六年、台北二中の一期生だった朱華陽は、台北高等学校に入学し、友人と日本語で話し合っていたところ、「君は台湾語ができないのか」と台中出身の台湾人先輩に注意されたという。それとは対照的に、同じ台北二中の二期生の許建裕は、台北高等学校で相撲部を創立した猛者だったが、「台湾語を使うな」と干渉する日本人学生に対しては「外へ出て勝負しよう」とやり返していたという。

以上の話は、公学校においてまだ正式に台湾語漢文の勉強が許されていた時代のことだから、高等学校で「台湾語を使うな」と干渉する日本人学生は相当のおせっかいだったことになろう。ところが満州事変以降は、警察のみならず一般日本人までが、こんな干渉を当然のこととするようになっていた。

鉄道局のある日本人職員は、喫茶店で台北二中の生徒数名が台湾語で話し合っているのを聞いて、「お前らは中学生のくせに国語を使わんのか」とどなりつけ、「よけいなお世話だ」と言い返した中学生とやりあって乱闘となり、ナイフで腹を刺されて死亡した。シナ事変一年前の一九三六年のことだった。二中生は送検され、翌年の判決で三人が懲役一九年の刑を課された。

シナ事変突入後、皇民化運動が加速されると、「国語常用家庭」を審査認定する運動も始まった。山脚公学校の台湾人教師は日本人教師とほぼ同数で数人いたが、その妻は無学か公学校しか出ていない人が多かった。だから、父と母ともに教師をしている私の家庭が、「国語常用家庭」第一号になるのが当然とされ、審査を申請すべきだと日本人校長に要請された。家族の一人である私の祖父は「国語」を話せないが、分家して伯父と同一戸籍にし、私の父が別戸籍を作ればいいとも指示された。

本来の「国語常用家庭」たる資格は、六〇歳以上の老人は国語ができなくてもかまわないことになっていたが、そんな老人が戸主になっている家庭を「国語常用家庭」と認めるわけにはいかないから、分家という手が考え出されたのだろう。こうして、私の父が一九三七年九月三日に分家によって戸主になったことも、戸籍謄本に記載されている。

私の家は典型的な農家であり、曾祖父の子孫が二〇数名、モミを干す一つの庭を囲んでコの字型に家を建てていっしょに住んでいた。年長者はむろん日本語を話せず、公学校を出た青壮年も片言程度だから、学校で日本語を教える父母も、家では一族に合わせて台湾語を使わざるをえない。当時、公学校二年生だった私も、家ではもちろん台湾語を話していた。本当に「日本化」をめざし、文字どおり「国語常用」を実行した人もごく少数はいたようだが、その中には終戦後まもなく自殺した人もいたという。

「国語常用家庭」と認定されたら、物資配給量が日本人と台湾人の中間ぐらいに増やしてもらえるとされたのは、一九四〇年に食糧配給制が施行された後のことで、まだ物資配給制度がなかった当初は、表札のわきに表札の文字と同じぐらいの大きさで「国語家庭」と書いた札をかかげるだけのことだった。それでも教師の子どもが「国語」で会話ができないのかとやられたら困るから、父は私たち兄弟を集めて口頭試問のけいこもした。

「大きくなったらどんな人になるか」との質問に、私は反射的に「陸軍大将になる」と答えた。すると四つ年上の長兄が、「台湾人は二等兵にもなれないよ」と水をさした。私は鉄槌で頭に一撃をくらったような大ショックでしょんぼりしてしまった。見るに見かねたのか、母が助け船を出し、「そのうちに世の中が変わって、台湾人も兵隊になれるし、大将にもなれる時がくるよ」と慰めてくれた。

「国語家庭」審査の当日を、わが家は正月を迎えるかのように大掃除をして迎えた。祖先の位牌がどこかに隠され、霊壇にはかわって天照大神の大麻(たいま)を祀る神棚が設置された。掛け軸の観音様の絵も天孫降臨の絵に取り替えられた。その両わきには和歌もかかげられていた。――「敷島の大和心を人問はば　朝日ににおふ山桜花」と、「山はさけ海はあせなむ世なりとも　君に二心(ふたごころ)われあらめやも」の二首だった。

審査官は、台北州新荘郡の視学で、かつて山脚公学校の校長をつとめた野口豊就(とよなり)だ。自分の子どもを台湾人の子どもと遊ばせ、台湾語常用を許していたほど開明的な人だったから、本気で「国語」常用を台湾人に求める人ではない。私の父とも親交があり、口頭試問では「君は何年生?」という程度で、あとは同行の台湾人教師や父母とよも山話をして、まもなくひきあげていった。(なお、時代が下って一九六八年、山脚(戦後、「泰山」と改称)国民学校創立七〇周年記念の祝典に元日本人教師がただ一人だけ招待されたが、その人がこの野口先生だった。そのとき私は、日本に不法滞在している外国人にされ、身柄を収容されていたが、野口先生のご令嬢、新井田佳子さんは、私の居住権獲得のために尽力してくださった。)

これで教師の子どもとして父母に恥をかかせずにすんだという気持ちで、私はほっとしたが、子どもだけでなく家族全体がこんなことで緊張させられることに屈辱感を免れなかった。日本当局は栄光に輝く家庭として、「国語家庭」と四文字書いた木札を表札のわきにかかげさせたが、台湾人にとっては〝耐え難きを耐え、忍び難きを忍ぶ〟屈辱にすぎなかったのである。

5 公学校での「皇民化」教育

三年に上がると、担任は日本人の女性教師に代わった。さっそく「肩を並べて兄さんと、今日も学校へ行けるのは、兵隊さんのおかげです。お国のために戦った兵隊さんのおかげです」という歌と遊戯を教えてくれた。

この先生はある日、「台湾語を使ってはいけない。誰かが使うのを聞いたら、先生に知らせなさい」とみんなに言いわたし、二、三日してから、「台湾語を使った者はいたか?」とたずねた。教室に緊張が流れ、しんとした中で、私は答えた。「みんな使っています」。先生は悲しそうに「そう」とうなずいて、それきり何も言わなかった。

小学三年生で台湾語を使わずに用をたせる台湾人は、何人もいないに決まっているのだ。それを理解しているらしい先生の反応を見て、私はよけいな告げ口をしたような気持ちになり、恥ずかしいと思った。このことがあってから、以後、私は何もかも馬鹿正直に先生に報告することはしなくなった。

三年生の「話し方」の時間には、掛け図の説明をするほかに、与えられたテーマで教壇に立って何か話すこともやらされた。教壇に上がっても何も話せない者が多く、こんな状況は卒業まで続いたが、何も話せないのは自分だけではないということがよく分かったせいか、一、二年生のときのような登校拒否は発生しなかった。

一、二年生になかった新科目は、「綴り方」(作文)だった。これは教壇に上がらなくていいから、さほど緊張しない。それに、日本人小学生でも「何も書くことがなくて困る」と嘆く子どもがいるのと同様に、「何かは書ける」台湾人も少なくない。

綴り方の模範文として最も多く読まされたのは、戦場の兵隊さんに送る慰問文だった。これもいくつか模範文を読めばちゃんと書けるのが数人はいた。私もよく慰問文を書かされた。上級に進むにつれてよけい書かされるので、しまいには書くことがなくなり、慰問文を書けといわれるたびに頭が痛くなった。

さらに困ったのは、三年生の夏休みに「一人×キロの馬草を刈ってこい」と義務づけられたことだ。「子どもが馬草といっしょに自分の指まで刈ってしまったら大変だ」と父兄は大騒ぎし、農民は大人が代わりに刈ったが、農民以外は金を出して誰かに刈ってもらうほかなかった。またそれを、学校まで担いで行くのも一苦労だった。

夏休みの登校日、子どもたちが持ってきた馬草を各クラスの担任が秤(はかり)で計っていたが、草は刈った後、水分が蒸発して目方が減るから、たいていは規定量に足りない。次の登校日までにもう少し刈ってきなさいと言われて泣きべそをかく女の子もいた。

私のも少し足りなかったが、担任の女の先生は同僚教師の息子である私のために計り方をごまかしてくれた。それに気づいた同級生は「ンー」とうなって口をとがらせていた。子どもの観察眼は鋭く、簡単にごまかせないのだ。

四年生に上がると理科も勉強することになった。こんどの担任は台湾人の男の教師、テストの成績がいいとか、行儀がいいとかの名目で、ほうびとして『輝く日の丸』という小冊子を生徒に与えていた。これはシナ事変以降の総督府文教局が発行していたもので、肉弾三勇士のような大陸戦線における武勇伝が主な内容だった。たまには国防献金に協力した老人の美談や、日独伊三国同盟などの国際ニュースも載せていた。こんな文教局に反発していたのか、この先生は、唱歌の本にない「嬉しい朝よ、楽しい朝よ、農夫は牛を追うていく、きこりは山へ登りゆく」という平和的な風景を連想させる歌も教え、これは西洋の名曲だとも説明していた。

五年生になると地理、「国史」などの新科目が増えた。私はすでに日本語で完全に用をたせるようになり、教師用の百科事典の日本史の部分を読破するのに何日もかからなかった。

中学を受ける者は五年になると受験勉強をするのが普通だが、担任の日本人男性教師は自分が高等師範を受ける勉強をしていて、補習授業をしなかった。そのため六年になると、父兄があわてて補習授業を頼みに行った。その結果、放課後に補習をするだけでなく、夜も先生の自宅へ行って受験勉強をすることになったのが一〇名ばかりいた。父兄は無理に頼んだということで、月に一人一〇円ずつ謝礼を出すことにしていた。

当時の教師の給料は六〇～七〇円で新卒は四〇～五〇円、日本人はこの上に六割の加俸がつく。これは外地勤務の日本人公務員すべてに与えられる危険手当とも称していたが、明治時代ならばともかく、昭和に入ってなおこんなことをするのは差別も甚だしいと、台湾人は怨嗟せずにいられなかった。

だから、戦況が悪化した戦争末期になると、台湾人にも戦時勤勉手当や臨時家族手当などの名目で三割ないし五割の加俸を出すことになった。私の父は、一九三九年に教員を辞めて、農業組合の専務になり、それからさらに皇民奉公会に転職させられたが、その父の給料も七〇円くらいだったのが、戦争末期には百円くらいになっていた。

ある日のこと、父は先生に渡す謝礼一〇円札を封筒に入れて、「父は多忙のためにおうかがいできず、まことに失礼の至りですが、これはほんの御礼のしるしです」という旨の大人のあいさつを、私に覚えさせた。しかし、先生の前に立つと、私は照れくさくてうまく言えない。封筒を両手でもって、口の中でもぐもぐやっていたら、「お前、何を言ってるんだ」と先生にからかわれた。仕方がないから私は教育勅語を奉読するような荘厳調で、覚えたセリフを吐き出した。そのときは先生はにやにや笑っていたが、教室での私の発言に顔色を変えたこともある。

「国史」か修身の時間だった。「忠と孝はなぜ一致するのか」と言って、先生は生徒の顔を見まわした。これは大学生にとっても相当の難問だろうが、私はさっと手を挙げて、「私たちの祖先は天皇陛下に忠義を尽くしましたから、私たちが陛下に忠義を尽くすのは、祖先の遺志を受け継ぐ孝にもなり、忠孝が一致するのです」と答えた。

その瞬間、先生の顔色が変わった。「よろしい」と言いつつも、別の説明を始めた。そもそも台湾人の祖先が日本の天皇に忠義を尽くしたはずはないのだから、先生は私の回答に驚いたに違いない。私も先生が顔色を変えたのを見て、これはしまったと気がついた。では正解は何かというと、これは教師用の虎の巻に書いてあったはずだ。

つまり天子・君主は人民の父母にひとしいから、君に忠を尽くすのは親に孝を尽くすにひとしく、忠孝は根本的に一致するというのである。

こういう考え方は教育勅語と同様に中国の四書五経が本家だから、台湾人も抵抗しない。しかし老子のように、「君臣の地位は逆転しうるが、親子の地位は逆転しえない」といって忠孝一致論を否定する人もいる。孔子も「親は取り替えられないが、君主は取り替えられる」として、理想的な君主を選ぶために諸国遊説をしている。「左伝」にもこんな科学的思想がある。

したがって、根本精神が一致するだけで細部が一致しない忠と孝は、「忠孝一本」としかいえず、「忠孝一致」とはいえないことになろう。中国の学者はこれを意識しているから、「忠孝一本」というだけで「一致」とはいわない。

しかし万世一系の天皇を戴く日本人は、君臣関係も親子関係と同様に逆転しえないとしている。孔子のように君主を選ぶ自由も日本では許されない。吉田松陰も孔子を批判し、「親の志をついで君に忠を尽くすのが忠孝一致だ」と述べている。だから吉田松陰の忠孝一致論は、台湾人の公学校では教えなくても、日本人の小学校では教えていたのだろう。

当時の私は公学校と小学校を区別しない受験参考書や教師用の参考書まで乱読していたから、松陰式忠孝一致論もどこかで読んでいたに違いない。そんな私は、受験勉強にも熱心で、一日一回のテストに模範回答を出す先生の助手みたいな役割を果たしていた。要するに私は、「皇民化」教育の優等生になっていたといえよう。

6 皇民奉公会の活動

時勢が変わると、昔の理論が通じなくなることもある。中学入試の口頭試問で「何のために勉強するか」ときかれたら、「天皇陛下のため、お国のため」と答えなければならない。以前のように「自分が立派な人になるため」と答えたら落第する。これだけはまちがいなく先生が教えてくれたことだと覚えている。

私が六年生に上がった一九四一年四月一日、日本人の小学校と台湾人の公学校をすべて「国民学校」と改称する台湾教育令の改正が行なわれた（日本本土でも同時に国民学校令が公布されて、尋常小学校から国民学校に変わった）。しかし、日本語を母語とする日本人と、学校へ上がってから日本語を習う台湾人の教科内容まで同一にすることはできないから、第一課程校は内地人、第二課程校は台湾人、第三課程校は原住民向けとする区別はあった。

それでも、「国民学校は皇国の道に則りて、初等普通教育を施し、国民の基礎的錬成をなすをもって目的とす」という国民学校令第一条はすべての児童に適用された。

ここで「皇国の道に則り」というのは、「従来の自由主義的、功利主義的教育を是正し、皇国本来の根本義に立脚した教育を確立すること」だと、教師用虎の巻は説明している。だから「勉強は自分のためではなく、国のためだ」といわないと、中学入試に合格しないのである。

こうして以後は、教育の場では「皇民化」に代わって「国民の基礎的錬成」が強調されることになった。一九四一年一月、日本から渡台して『台湾新報』の主筆になった伊藤金次郎も『台湾欺むかざるの記』において次のように述べている。

「就任早々のラジオ放送で皇民化運動にふれたところ、草稿を事前検閲する当局者に皇民錬成と訂正された。皇民化運動は小林総督時代にすでに目的を達成している。即ち島民はことごとく皇民化され、今はその錬成時代に入っているとの説明だった」

総督は一九四〇年一一月に小林海軍大将から長谷川清海軍大将に代わったが、同年一〇月一二日、近衛文麿首相は大政翼賛会の発会式でこう述べた。

「この運動の綱領は『大政翼賛の臣道実践』ということであります。……『上御一人（かみごいちにん）に対し奉り、日夜それぞれの立場において奉公の誠を致す』ということに尽きると存じるのであります」

これに呼応して台湾では、翌四一年四月一九日、「皇民奉公会」が結成された。その運動規約第一条はその基本性格を「台湾全島民の臣道実践にして、これを皇民奉公会運動と称す」と規定している。総裁には総督が就任し、各州庁に支部、郡市に支会、街庄に分会が設けられた。

この皇民奉公会は当初は精神的啓蒙にとどまっていたが、四二年七月以降はすべての民間団体を指導・統制する末端行政機関となった。その傘下には奉公壮年団、産業奉公会、台湾青年団、少年団、大日本婦人会台湾本部とその支会である未婚女子の桔梗（ききょう）倶楽部などがあった。

具体的な活動は、文芸、映画、演劇、宗教、食糧の生産管理など、あらゆる分野に及んだが、たとえば演劇関係では台湾語を使う台湾芝居を禁止する一方、食糧の生産管理では「国のための供出」と叫ぶから、農民の反発を免れなかった。

それまで公学校を出た台湾青年は、二五歳以下は青年団に入れられて小学校教師が指導し、二五歳以上は壮丁団に入れられて警察が指導していた。シナ事変が始まる前の山脚公学校の教師は、野球などのスポーツやブラスバンドの結成、「父帰る」などの演劇を指導して青年団に歓迎されていたが、事変後は軍事訓練に近いものが多くなった。その後、空襲による火災に備えて防衛団なるものをふやし、四三年四月には防衛団と消防組、壮丁団を統一した警防団も組織された。

この壮丁団というのは、一八九八年に抗日台湾人を鎮圧する上での協力団体として組織され、消防隊がない村では消防隊の役割も果たしていたから、戦争中は空襲に備えて訓練が強化された。新荘郡下の各街庄の壮丁団の消防能力の競争大会もしばしば行なわれた。山脚の壮丁団はこの大会に優勝したとき、ほうびとして台湾芝居を三日間やらせてほしいと願い出て許可された。

山脚はその名のとおり山麓の一寒村にすぎず、常設の芝居小屋などはない。普通は廟(びょう)の前に舞台をつくり、観客は立ち見か、自宅から椅子を持ってきて広場に並べて見物する。ところが台湾芝居禁止時代の特別公演の三日間は、周辺の町村からも観客が押しかけ、いつもの広場ではとても収容することができず、急きょ稲刈りが終わったばかりの田んぼの真ん中に舞台を移さざるをえないほどの熱気で、まさにお祭り騒ぎになった。

皇民奉公会の文芸、演劇を指導していた松井桃樓(とうる)氏は、戦後の東京で「アリの町」を創立した人だが、私はその「アリの町」を訪れて回想談をうかがったことがある。松井氏も、「特別許可で台湾芝居の公演を見物する台湾青年のどよめきに、こんなに歓迎される台湾芝居を禁止する必要があろうかと考えたが、当時はどうしようもなかった」と話していた。

満州事変の頃から台湾服の着用を禁止する動きが出ていたが、シナ事変と同時に皇民化運動が激化すると、さまざまの集会で参加者の台湾服を鋏で切る警察官も出現した。これはいきすぎということで、まもなく服を切るのはやめたが、こうした蛮行に台湾農民がどんなに憤ったかはいうまでもない。

7 「皇民化」の次は「皇民錬成」へ

しかも、当時はすでに主要食糧は配給制になっており、日本人よりも米の配給量が少ない台湾人は、ほとんどがヤミ米を買わざるをえなかった。そうなると農民は、公定価格で米を国に供出するよりも、ヤミで売ってもうけたいに決まっている。そこでこの問題を解決するために、皇民奉公会の第一線幹部として、公学校教師を一七年以上勤めて恩給がもらえるようになった台湾人がかなり起用された。

台湾人は師の恩を親の恩と並べて大事にするから、その恩師に説得させたら、農民も米の供出に協力するだろうと日本当局は計算したに違いない。これはたしかに多少は効果があったが、ことはなにしろサイフの問題だ。恩師だろうが誰だろうが、米の供出を求める者は憎まれ怨まれる。

私の父もこんな皇民奉公会の第一線幹部になることを命ぜられていたから、政府と農民の間で板挟みになり、あちらを立てればこちらが立たずで、その心労は大変なものだった。子どもの私も、父が農民に怨まれ、袋だたきにあいはしないかと気にかかっていた。前記の伊藤金次郎記者も、終戦直後に「供出米を返せ」と叫んで農業組合（農会）に押し寄せた農民がいたと報告している。

この米の供出問題では農家を強制捜査させられた警察官もおり、そのため本当に終戦後まもなく農民に袋だたきにされたものもいた。私の父の場合は職務として説得せざるをえないが、強制はしなかったから、なんとかことなしにすんだ。

こうした父の苦労を通して、私も何となく皇民奉公会の内情を知ることになったが、当時は伊藤記者と同様に「皇民化」運動と「皇民錬成」の区別を意識してはいなかった。

そもそも皇民化運動の第一歩であるはずの国語常用運動は、村の「国語家庭」第一号となった私の家でも、実際に国語が「常用」されておらず、「島民ことごとく皇民化を完了せり、今後は国民錬成なり」という上層部の宣言は、明らかに現実ばなれの作文にすぎなかった。

たとえば一九四〇年二月一一日の「皇紀二千六百年」の紀元節に発足した台湾総督府勤行報国青年隊は、勤労奉仕と皇国史観の勉強、日本精神の錬成としてのみそぎもやっていた。すると典型的皇民錬成ということになるが、当時はまだ皇民錬成という言葉がなく、皇民化運動の一環として発足している。だからこの二つの運動を区別するのは容易でないが、運動の渦中にいた体験者あるいは目撃者として、その細部についていささか紹介しておきたい。

この勤行報国青年隊は発足して約二年の間に、台湾青年三五五五名を入隊させたが、入隊期間は二、三カ月で、除隊後は各地方の青年団幹部になることが多かった。大陸へ行って通訳になったのもいる。とくに幹部にしたい優等生は、二回も三回も入隊させていた。さらに幹部としての権威をもたせるために、階級章もつけさせていた。

階級章といっても、青年団の制服の腕章をつけるところに、への字形の赤い布を一本ないし三本つけるだけのことだが、本人はそれを誇りにし、小学生たちも「誰それの赤い腕章が三本になったぞ」といって敬意を表していた。

芥川龍之介は「子供でもないのに勲章を胸につけて喜んでいる人がいる」といって将軍たちをからかったが、制服に赤い腕章をつけて喜んでいた台湾人も少なくなかった。それだけで特権階級になったかのように錯覚し、バスに乗るときも列に並ばずに優先権を行使する者もいた。だから勲章や腕章をつけて喜ぶ将軍と台湾青年が、師弟関係になって皇民化と皇民錬成で相当の成果をあげていたともいえよう。

一方、明確に「錬成」の看板をかかげた社会教育事業もあった。たとえば一九四四年発足の皇民錬成所は、国民学校を修了していない者九万人を「錬成」した。また青年特別錬成所は徴兵前の適齢者四万余名を「錬成」した。入隊前にできるだけ皇民化しておけば、軍部が助かるからだ。一九四三年発足の青年学校は、国民学校修了者一一万人を「錬成」している。このほかに拓南戦士農業訓練所、拓南戦士工業訓練所、海洋訓練所なども設立したが、まもなく戦況の悪化で、多くは海外に出られなくなったようだ。

8　寺廟破壊と国家神道の強制

勤行報国青年隊はみそぎなどの宗教的皇民錬成もやったが、その前に台湾人本来の宗教を抹殺する「寺廟整理」も、皇民化運動の一環として推進され、シナ事変後はとくに激化した。寺廟をこわすか転用するか、御神体を焼却するか移転保存するか、やり方は各州知事、各郡守に任されたが、結果として次ページに挙げたような統計表がある（宮本延人著『日本統治時代台湾における寺廟整理問題』天理教道友社、一九八八年より）。

私の住んでいた台北州新莊郡では小さな祠をたたきつぶすことから始めたが、たたりを恐れてしりごみする壮丁団を、警察官が叱りつけている光景を私も見たことがある。

新竹州の桃園郡守は、大きな廟も取り壊すつもりで、自ら陣頭指揮に立ったという。彼は廟前

整理寺廟廟宇神像処分調

（自昭和十二年一月一日 至昭和十七年十月末日 現在）

処分	区分	種別	台北州	新竹州	台中州	台南州	高雄州	台東庁	花蓮港庁	澎湖庁	計
建物ノ処分	取毀チタルモノ	寺廟	一	四〇	四一	一九四	七五	九	一	―	三六一
		斎堂	―	五	―	二	一	一	―	―	九
	他ノ用ニ供セルモノ	寺廟	一	一八八	二六	四一九	一七九	六	―	―	八一九
		斎堂	二	一〇	二	七	五	一	―	―	二七
神像ノ処分	焼却其他取毀チタルモノ	寺廟	―	四七	九	五四七	四五四	八	一	―	一、〇六六
		神像数	―	四〇九	三〇	九、七四九	三、二六六	二七〇	二	―	一三、七二六
		斎堂	―	一	二	七	四	―	―	―	一四
		神像数	―	三	二三	九〇	三一	六	―	―	一五三
	他所ニ移セルモノ	寺廟	二	一七七	二八	一六六	五一	四	―	―	四二八
		神像数	三七	一、八五九	二二七	一、二六八	六一七	六一	―	―	四、〇六九
		斎堂	―	一七	―	三	一	一	―	―	二二
		神像数	―	一〇三	―	四一	三	五五	―	―	二〇二

の金紙銀紙を焼くカメがある庭に壮丁団を並ばせ、「日本国民は廟に参拝する必要がない。神社に参拝すべきである」と一席ぶってから、「まず諸君の目の前にあるカメを壊せ」と命じた。だが、誰もたたりを恐れて手を出す者がいない。庭から階段を上って神殿の高い所に立っていた郡守はそれを見て、「たたりなどあるはずはない。そんなに怖ければ俺が第一撃を加えてみせよう」といって庭へ下りようとした。ところが気負いすぎて足元に気をつけていなかったため、階段を踏み外して転げ落ち、足首を捻挫して、ウッとうめいたとのことである。

それみろ、神罰テキ面だという噂は台北州にまで広がり、その廟はたしかに災難を免れた。

寺廟だけではない。総督府は、各家庭でも台湾人が祖先の位牌を祀っている霊壇に神棚をおかせ、天照大神を祀らせるために祖先の位牌を取り除くことまでも強制した。それはあまりにもひどすぎるということで、この宗教問題は日本の国会でも取り上げられた。衆議院で長野高一、川崎末五郎、浜地文平ら三議員が、一九三九年の三月二三日、二八日と、四〇年三月一日の国会で批判したのである。

国会で取り上げられる直前の一九三九年一月三一日に、台湾総督府文教局も、民政長官名義で、宗教行政に関しては民意を尊重すべき旨の通知を地方庁あてに出している。一九四〇年末に第一八代総督に就任した長谷川海軍大将も、翌四一年四月一九日に皇民奉公会を設立したとき、寺廟整理は研究を要するとの理由で中止させた。だが現実には、祖先の位牌を取り外して天照大神を祀らせる運動はかえって激化の一途をたどった。私の友人、劉振源（りゅうしんげん）によれば、桃園郡では両者を同じ霊壇に祀ることを許されていたそうだが、これは郡守の捻挫と関係があろう。

一九四二年四月に台南市長に就任した羽鳥又男は、孔子廟に天照大神が合祀されているのを見て、そんなことはすべきでないといってやめさせたので、台湾人に歓迎されたが、そのために憲兵隊に一夜拘束された。台南州知事はなお強硬で、各地の行政責任者、警察署長らにあてて次のような通告を発している（宮本前掲書）。

昭和十七年十二月二十一日　南警高秘第一一、四一号ノ一

台南州知事　宮本廣大

警務局長各州知事庁長各郡守署長　殿

新化郡山上庄役場当局ノ仏像焼却祭執行ニ関スル件通報（牒）

〝仏像百体ヲ焼却シタル為メ関係者ハ内心不平ヲ抱キ居レルニ付動向目下注意中ナリ〟

台南州新化郡山上庄役場当局ニ於テハ皇民化運動ノ一翼トシテ昭和十三年中ニ庄内八ケ所ノ寺廟ヲ廃止スルト共ニ仏像約一〇〇体ヲ山上廟ニ集メ居リタル処其ノ後仏像ヲ窃取シ自宅ニ持チ帰リテ秘カニ信仰スルモノ生ズルニ至レルヲ以テ去ル十一月十二日午後三時ヨリ仏像焼却祭ヲ執行セルガ役場ヨリ各関係保正区総代ニ対シ参列方通知セルニ一名モ出席セズ役場吏員ノミヲ以テ執行

セリ
保正及区総代ガ焼却祭ニ一名モ参列セザル処ヨリ見テ考慮スルニ関係者等何（いず）レモ内心不平ヲ抱キ居ルモノト思料セラル丶ニ付之（これ）ガ民情極力内査中ナルモ同庄山上国民学校六年生六十五名ノ作文ヨリ生ジタル民情別紙ノ通リニテ相当注意ヲ要スベキモノアリ
州下各部署ニ於テハ時局下斯種行為ニ対シテハ充分注意可相成
尚新化郡ニ於テハ焼却祭執行ニ依リ各種ノ流言蜚語等ヲ生ズル虞（おそれ）アルニ付充分視察取締可相成

仏像焼却ニ対スル調査

不安			
罰があたる	三七	病気になる（ふえる）	八
台湾は罰があたる	三	病気がなほらん	一
台湾の住民は皆死ぬ	二	病気の時困る	一
世が乱れる	一	守ってくれるものがない	六
国が栄えない	一	作物がとれない	一五
部落が亡びる	一	事のある時困る	二
山上の者が死ぬ（亡びる）	二	困ることがいつもある	一
山上庄（廟）が火事になる	三	大風が吹く	二
戦争に負ける	六	大雨が降る	一
皆が大きくならない	一	生きて居ることが出来ない	一
神様が怒る（榕樹が動いた）	四	たのしく暮せない	二
困るいけない	一二	安心して居られない	一
神様が死ぬ	二	悪いことだ	二

分類	回答	数	回答	数
詛呪的	焼いた者は罰があたる	八	焼いた者は馬鹿だ	二
	焼いた者は手がくさる	一	焼いた者は直ぐ死ぬ	七
	焼いた者の手を取って焼け	一	焼いた者の家の者は皆死ぬ	一
呪詛	焼いた者は病気になる	一	巡査は死ぬ	一二
	或所では焼いた者が死んだ	二	岡崎さんは罰があたる（巡査は病気になる）	一
	何もないのに焼くのは間違だ	三	神様を焼かない様巡査は病気になれ	一
愛惜	神様がかはいそうだ	一三	神様が泣く	一
	神様がなくなる残念だ	一	焼かれるときにとびあがるのはやかれないやうにするためだ	一
	お詣が出来ない（神がない）	二	何故焼くのか	七
	お祭りはどこでする	一	神様はこれから何処に住むのか	三
	申訳ない	三	神様は焼かれる前になぜ逃げない	二
	もつたいない	二		
雑	新しい神様がおいでになる	一	左鎮の時は雨が降り雷がなつた	一
	目が赤くなる（焼いたため）	一	兵隊になつたとき生きて帰れぬ	一
	仏像を作るのに金がかかる	一	焼く火の色が違ってゐた	一
	焼いた火が怒ってゐるやうだった	一	空が赤いのは神様を焼いたからだ	二
賛成	やいてもかまはぬ	四	大麻も毎年焼却するのだから仏像も焼け	一
残存仏像	残存（山上廟）仏像は焼くことが出来ないのだ	二	どんなに焼いても焼けないのは神様が怒ってゐるからだ	一

要注意事項

注意	
神様は支那のであるから焼きたくない	一
仏像は吾々人民をやすらかにしてくれるのだそれをなぜ焼くか	一
内地にも神様があるのに何故台湾の神様ばかり苦しめるのか	一
台湾の神様が内地の神様より大切だ	一
穏して置いてをがんだらよい	一
仏像をかくしてゐるものがゐる	三
仏像焼却に対する先生の説明はうそだ	一

この「調査」は国民学校（小学校）六年生を対象にしたものであるが、当時の台湾民衆の意識をそのまま映していたと見てまちがいないはずである。「内地にも神様があるのに何故台湾の神様ばかり苦しめるのか」という指摘は、まさに台湾人の思いを言い当てているといってよい。

9 「改姓名」運動と入学試験

言語や宗教を棄てさせる皇民化運動は台湾人に大きな衝撃を与えたが、最大の衝撃は祖先を棄てさせるにひとしい「改姓名」運動だった。朝鮮では「創氏改名」と称し、いずれも一九四〇年二月一一日の紀元節に開始された。台湾における成果は、翌年の中学入試の状況に明瞭に現れた。当時の台北には州立中学が一中から四中まで四校あったが、その生徒は日本人が大多数を占めていた（中学はもちろん旧制で、小学校六年を修了して入学する。同じ中等学校としてはほかに私立中学、工業学校、商業学校、農林学校、女学校があった）。

ただし四校の中学の中で二中だけは、四対一で台湾人が多かった。ところが一九四一年度の合格者氏名（校内掲示板にかかげられた）を見ると、二中でも日本人が多くなったように見えた。台湾人有力者が驚いて学校当局に事情をたずねると、改姓名した台湾人が多いから、日本人が多いように見えるが、実は台湾人が多いとの説明だった。

改姓名運動については、純粋日本人との区別がつかなくなるとの理由で日本人の中にも反対意見があった。そのため当初は「国語常用家庭」に限って許可するということにしたのだが、しかしその内情は、急速に増えつつあった〃台湾人エリート〃たる国語常用家庭に対しては改姓名を強要し、さらに中学入試で優待しようということだったのだ。

台湾人の多くはかつて南蛮越人と称された福建、広東からの移民にルーツをもつ。南蛮というのは中国からみた「南方の野蛮人」の意味であり、本来の中国人ではない。しかし宋朝が金人に追われて南方に亡命し、南宋政権を樹立した後は、南蛮越人から税金をとるために中国式姓名をつけさせ、戸籍を整理する必要があった。当時、自分の文字をもたなかった南蛮越人は、蕃人と称された台湾原住民と同様に、漢字で姓名をつけさせられ、中国人にさせられたが、いつのまにか自らを本来の中国人と思い込むようになり、祖先崇拝の念もあって、中国人と同様、自分の姓に強く執着するようになった。こうして台湾へ移住した台湾人も、姓には強い執着があり、それを日本式に改姓名させられるのは、祖先を否認されるにひとしい屈辱と受けとらざるをえなかった。それでも、子どもの入学試験のためを思うと、改姓名せざるをえないと考えたものが多かったのは、先に述べたとおりである。

当時、国民学校六年生で、台北二中を受ける準備をしていた私も、林景明から「林田明三(はやしだめいぞう)」に改姓名した。林をハヤシと読むだけでもいいのだが、忠誠心を明らかにするために、林田や大林、小林など〃純日本風〃に改めた家庭も多かったのである。

実は、当時、私が乱読した歴史読物に出てくる英雄はすべて日本人で、台湾人は一人もいなかったせいか、改姓名の話が出たときの私は大喜びだった。しかし、担任教師が同級生の前で、「みんな、林田にならって改姓名するように、お父さんお母さんにすすめなさい」と言ったときは、私は肝を冷やした。

村の中で真っ先に「国語家庭」になり改姓名もした私が、皇民化運動の模範として紹介されると、民族の裏切りものになったような感じがして、卒業式が終わった瞬間に袋だたきにされるのではないかと思い、ぞっとしたのである。

当時の山脚国民学校はかなり遠距離の山間からくる生徒もいたが、かれらの父兄はまだ日本語の必要性を強く感じないため、四、五年も遅れてから入学させるのも少なくなかった。従って、卒業するときは大人みたいに大きいのもいて、先生にかわいがられた生徒を民族の裏切りものとして殴ることもあった。だから教師が「みんな林田に習って改姓名するように」と言ったとき、私はギョッとせざるをえなかったのだが、これは山脚だけの現象ではない。たとえばシナ事変直後の台中州大屯（だいとん）郡の大黒庄公学校六年生の中には、「日清戦争後のシナは国内を統一し、戦備を増強したから、台湾を奪還するために日本に戦争をしかけた。シナは必ず勝つから台湾人はまもなくシナに帰れる」という意味の作文を書いた者が何人もいた。これはむろん周囲の大人の思想を反映したものだから、日本当局は改めて「流言蜚語」の処罰を強化せざるをえなかった。

高雄県旗山郡の渓州公学校四年生も、太平洋戦争開始前の一九四一年五月、「シナはアメリカの援助があるから戦争で日本に勝つ」「シナやアメリカの軍隊が攻めてくる。そのときは山に逃げる。隣の家は食糧の準備もしている」という旨の作文を書いていた。だから山脚で親日台湾人を白眼視するものがいてもおかしくないのである。

だが、時勢の変化は恐るべきものがあった。太平洋戦争開始後は、「国語家庭」の物資配給量が多いため、「わが家は母が国語を話せないから、国語家庭になれなくて残念」という青年も出現し、「国語家庭」を〝名誉ある家庭〟と見る傾向も生じていた。だから私も、無事に卒業してほっとしたが、卒業直前に民族差別を意識せざるをえない事件も発生した。

当時の山脚国民学校は教員が一二、三人しかおらず、校長も小さな教員室で他の教員といっしょに机を並べていた。特別に校長室を作る余地も必要もないから、教員は登校して教員室に入ると、ごく自然にみんなに「おはようございます」とあいさつし、「御真影」か「勅語」を拝むことになっていたのである。

ところがある日、新任の大石という日本人教員が台湾人女性教師の呉先生に言いがかりをつけた。「まず校長先生の席へ行ってあいさつするのが先だ」と言うのだ。しかも、「よけいなお世話だ」とはねつけられたとたんに、「生意気な女だ」と言って暴力をふるったのだ。

新参の教師が先輩教師を殴るなんて前代未聞だ。村中は大騒ぎになり、仇を討とうと相談する青年団員もいた。台湾人教師はそれをとめたが、日本人の校長は知らぬ顔、呉先生は殴られ損、級長だった私も憤懣にたえず、怒りのまなざしを大石に向けるようになった。

この事件からまもないある日、私の担任教師が出張とのことで、自習をしていた級友たちが昼近くになってふざけだし、男女間でけんかも始まった。男は男を応援し、女は女を応援したので大騒ぎになった。そこへ大石がやってきて、「級長がけんかを止めないで応援するとは何ごとか」と言って、私を教員室へ引っ張っていき、内出血するほどビンタをはり、昼食抜きでそこに立っておれと命じた。私の父母も三年前まで教師をしていたのだ。「呉先生を殴った大石が、今度は林先生の息子を殴った」と、またも怒りの声が村全体に広がった。

もともと校長は、台湾人教師に対して、子どもを他人の模範にすることまで要求し、私の父母もそのつもりで子どもを厳しくしつけ、私も父母に恥をかかせるようなことはした覚えがない。だからその日、やっと帰宅を許されたとき、今度は父母にもしぼられるだろうと思うと、全く元気がなかった。

ところが、村人全体が大石に怒りをぶちまけていたせいか、帰宅した私を母は一言も叱らず、早く御飯を食べなさいと言っていたわった。夕方に帰宅した父も叱らず、夕食後、私を農業組合に連れて行った。そこには台湾人の教師を含め村の有力者一〇余名が集まっていた。

彼らは私に口をあけさせ、負傷の程度を見た。「内出血している、告訴すべきだ」と言う人もいた。しかし入学試験に影響しないかと懸念する声もあり、残念ながらことを荒立てるのは不利と衆議一決した。「皇民化」教育の優等生になっていた私も、改めて本当の「皇民」とはちがうのだという悲哀をかみしめざるをえなかった。

10 日本人教師による志願兵への強制

台湾の陸軍特別志願兵制度は、一九四一年六月二〇日の閣議で、翌年四月に施行することが決定され、台湾軍司令部と台湾総督府は次のような共同声明を発表した。

「台湾に於ける志願兵制度の施行は六〇〇万島民多年の要望にして曩(さき)に朝鮮に志願兵制度実施せらるゝや領台の歴史が日鮮合併の歴史より久しき事実に鑑(かんが)み後雁(こうがん)先行の感ありて台湾に在りても之(これ)が実現を希望するの声鮮少ならざりしが本島一般の実情は未だその時機に非(あら)ずとして今日に及べり。爾来(じらい)本島民はいよいよ各々修養して一意皇民たるの実を挙げつゝありしが偶々(たまたま)今次事変勃発を契機として皇民の報国精神極めて顕著に発揚せられ或は軍夫軍属として直接軍に従ひ或は献金・献品に誠意を披瀝し又は出征帰還将士の歓送迎・慰問等により銃後の赤誠を捧ぐる等殆んど内地と異なるところなく更に進んで兵役に服し崇高なる国防義務を負担しもつて皇国民たるの実を挙げんことを希求するもの漸次増加し最近に至りてはとみに熾烈を加ふるに至れり。政府は右のごとき実情に基づき既に熟機に達せりと認め廿日閣議の決定により昭和十七年度より本島に志願兵制を施行する如く準備を進むることゝなれり、斯くして本島六百万の島民は畏き大御心を体し内鮮人と相提へて兵役に服し国策の完遂国家保護の大任に就くの栄誉を担ふに至る。今や島民は真に名実とも皇民たるの第一歩を画するに到りたるものと云ふべく寔に欣快に堪へざるところなり」

日本軍と総督府のもくろみでは、この共同声明をうけて志願者が勇躍殺到し、その模様が新聞に大きく報道されるはずだったろうが、現実は殺到現象が起こりそうもなかった。そこでまず志願者殺到現象をつくりだすのが先決となったが、この任務は悪名高い警察よりも国民学校の日本人教師が主役をになうことになった（青年団以外は警察が担当した）。

これはあまり知られていないことだが、彼らは師範学校を出て半年の兵役に服し、下士官（伍長）の資格も与えられていたから、まさに〝文武両道〟で、青年団の訓練も担当し、「国体の本義」を説き、軍部のためにも大いに奉仕していたのである。

青年団の訓練は国民学校の校庭を使うから、生徒があまりいない午後か夜間に行なわれていた。原則的には農閑期とされていたその訓練期間はしだいに増加され、訓練を受ける台湾人青年たちに対して先生方はしきりに志願兵になることをすすめていた。しかし応じる者はほとんどいなかったため、ついに一人ずつ教員室に呼びつけて、強制にひとしい説得をせざるをえなくなった。

当時の私は教員室のすぐわきの教室で、放課後も遅くまで受験勉強をしていたが、担任の先生はわれわれの勉強をみる合間に、教員室で青年を説得したり怒鳴りつけたりして、志願兵の願書に署名させる〝奉公〟もしていた。

「自分は淋病梅毒だから志願できません」「みせろ」「どうぞゆっくりごらんください」「何ともないじゃないか、この野郎」ということでなぐられた青年もいた。これと反対に自発的に願書を教室にもってきた青年もいたが、彼はどう見ても合格しそうもない体格の持ち主だった。それでも〝志願者殺到〟のニュースづくりには役に立つから、先生は大喜びの笑顔で受け取っていた。

そうした光景を見ながらわれわれ国民学校六年生は、「僕が大人ならば喜んで志願兵になるのに」「兵隊は戦争で死ぬんだぞ」「死んでも靖国神社にまつられるからいいではないか」などたあいないやりとりをしていた。

だが大人にとっては、靖国神社よりも社会的地位が大事だ。公学校の優等生で日本語もうまいのに、中学に進学できなかったため、出世の見込みのない者が、社会的地位の向上をめざして兵隊を志願したケースもかなりある。

しかも戦争中の台湾では、「内地」と同様に大戦果ばかりが宣伝され、戦況の不利、戦争の悲惨な実情が知らされなかった。いわゆる「大本営発表」だ。フィリピンまで行って捕虜の監督をさせられたある台湾人は、「捕虜監督自身が捕虜になるまで、日本が負けるとは思わなかった。

戦陣訓などの教育で、日本は必ず勝つという必勝の信念があった。だから威張ってアメリカ兵を怒鳴り散らしていた。立場が逆転した後は、米軍が捕虜を紳士的に扱い、病気治療もするのに驚いた」と回想している。

だから、やがて米軍による空襲がひんぱんになり、戦況の悪化が明らかになっても、日本が負けると思う者は少なく、自発的に軍人軍属を志願する者がいた。もっともそれは、家庭で経済的責任がない一五～一七歳のまだ年若い青少年が多かった。すでに先輩がたくさんいるというので、親に内緒で少年兵を志願したのもいた。

しかし全体的に見れば、何といっても強制的に戦場に駆り出された者が大多数を占める。この場合は、本人はあきらめても母親はあきらめきれない。フィリピンや海南島へ行った私の従兄の母親二人もそうだが、毎月の旧暦一日と一五日には寺廟に参拝して、息子の武運長久と無事帰還を祈る台湾婦人はどこにでもいた。

11 徴兵制の適用へ

志願兵の奨励につづいて台湾人に徴兵制を適用することが決定されたのは一九四三年一一月一

日、そのために兵役法が改正されたのは一九四四年の九月だった。ではこれを、台湾青年はどう受け取っただろうか。ある師範学校の六年生が、「中国が相手ではひっかかるものがあるが、白人が相手なら本当に東洋平和のためといえるから、死んでもあきらめられるような気持ちはある」と医学専門学校の生徒に話しているのを私は聞いたことがある。「大東亜戦争」と称していても、シナ事変にひきつづいて中国大陸が戦場となっていたのだから、この論理には明らかに矛盾があるが、あえてそう考えることで自分の生き方を正当化せざるをえない植民地人はいたるところにいたのだ。

こんな台湾人エリートが教師になって、青少年を指導するのは好ましいことではない。台湾人同士で親友と議論をしているときに、どうして正直に「残念ながらどうしようもない」といわないのか。私はそう考えつつも、先輩に遠慮してそれを口には出さなかった。また医専の生徒も、友人の論理に賛成できないという意思表示をしただけで、はっきりと論理の矛盾を指摘しなかった。権力に屈服せざるをえない植民地人の苦悩を共有していたから、その論理矛盾をはっきり指摘するのは忍びなかったにちがいない。

一九四五年一月、徴兵制が台湾人にも施行された。その結果、戦争に参加させられた台湾人は、軍人約八万人、軍属一三万人弱、合計二一万人弱で、戦死も三万人に上った。私の従兄もフィリピンへ行ったまま帰ってこなかった。

当時、「高砂族（たかさご）」と呼ばれていた台湾原住民は、「高砂挺身報国隊」の名で、第一期志願兵訓練が始まる前の一九四二年一月にフィリピンのバターン戦線に送り込まれ、本間雅晴司令官の命令で「高砂義勇隊」と改称され、ジャングルの中で道路を開くなど第一線で大活躍して大いに勇名をはせた。

その後の八回にわたる募集で高砂義勇隊は五千名に上り、太平洋全域の島々で戦闘に参加し、三分の二近くが戦死したが、この戦死率は異常に高い。

戦後は大学教授など多くの研究者が、高砂義勇隊の勇猛と忠誠ぶりをもって、「皇民化」教育などの「善政」の成果としているが、日本の台湾統治は教育だけでなく武力による制圧もあった。百数十回に上る「高砂族討伐」に際しては、日本軍の手先になって同族と戦った者もかなりいた。「高砂族」の最後の抗日戦となった一九三〇年の霧社（むしゃ）事件にしても、同じタイヤル族一一社の中の五社が「洞（ほら）ケ峠」をきめこみ、日本軍が優勢と見た後は、その手先になって同族と戦い、二四名が戦死している。日本軍警の戦死者が二八名だから、どちらが主役なのかわからないほど高砂族が勇猛に戦うことはたしかに否定できない。だが、この戦闘の参加者には六〇銭ないし八〇銭の日当が支給され、戦死者には三、四百円の弔慰金が支給されていた。敵の首を取ったものには賞金が与えられていた。有力者の首は二百円、「蕃丁」の首は百円、「蕃婦」の首は三〇円、幼児の首でも二〇円の賞金があった。したがってこれは、忠誠心よりも利害打算で戦っていたのが真相だろう。

抗日側は一二三七名のうち約三百名が生き残ったが、その生き残りの少年たちも一〇余年後にできた義勇隊を志願し、父や兄を殺し、幼児の首にまで賞金をかけた日本人のために戦っている。これもそうせざるをえなかっただけのことで、忠誠心とは関係がないだろう。

一九四四年一一月二七日付の台湾の新聞によれば、薫空挺隊と称する決死隊八〇名が、輸送機四機に分乗して、レイテ島の米軍飛行場につっこみ、敵機爆破の大戦果をあげている。だが同隊の主役たる「高砂族」二百余名については、生還者なしと戦史に記録されているだけで、その活躍についての記述はない。

しかも米軍の記録によれば、日本軍の一機は撃墜され、二機は海岸に不時着、日本兵は手榴弾を投げながら逃げただけで戦果はゼロだった。つまり「高砂族」も日本人指揮者も生命が惜しいから決死の任務を遂行しなかったのであり、その勇猛と忠誠は新聞のでっちあげにすぎないのである。それでも台湾の病院でこの新聞を見た隊長神田泰雄少佐は二週間後に自決した。

同じころマニラでも二千名の台湾人警察隊を指揮していた日本人の広枝音右衛門隊長が、玉砕命令に抵抗し、「台湾人は生きてかえれ、責任は日本人である私が取る」といって自決している。だからこの人は、命の恩人として台湾の獅頭山に神として祀られている。この場合は明らかに、台湾人を玉砕に巻き込むほど皇民化するのに反対だったのであり、皇民化の「善政」によって神様に祀りあげられたのではない。

むろん、児玉総督や田総督が言明したような「国家に対する義務観念があって権利意識がない皇民を教育する」成果は大いにあった。だから「高砂族」を含む台湾元日本軍戦死傷者は、一九七四年末に「中村輝夫」(本名、スニヨン、中国名、李光輝)がモロタイ島から出現してから、「欧米諸国のように旧植民地人に本国人並みの補償をせよ」と求めた。

これに対して日本政府は「法律的責任がない」といって、一五年も日本の裁判所で争い、最終的に日本本国人の五〇分の一程度の二百万円の一律補償しかしなかった。マスコミには「日本人として恥ずかしい」という声があふれていたが、責任をとって自殺した日本人はいなかった。

II 植民地・台湾の「皇民化」教育の軌跡

1　芝山巌事件――「皇民化」教育のはじまり

日清戦争の最大の戦利品として、日本の台湾領有を決めた馬関(ばかん)条約が発効したのは、一八九五年五月八日である。初代台湾総督・樺山資紀(すけのり)海軍大将は、五月二四日に広島県の宇品を出港し、二七日に沖縄県の中城(なかぐすく)湾に寄港、旅順から回航してきた近衛師団と合流して、そこで「恩威並行」の台湾施政方針を訓示した。

台湾人は突然の領土変更に驚愕して激昂し、馬関条約を「自然法違反」として否認し、五月二三日に「台湾民主国」の独立を宣言した。

五月三〇日、日本軍は無防備だった澳底(おうてい)から上陸し、六月三日に海軍と協力して基隆(きーるん)港を攻撃、数時間でこれを占領した。国際的な干渉も起こらず、日本軍恐るべしとみた台湾民主国総統唐景(とうけい)松(しょう)(清朝任命の巡撫)は六月六日に大陸に遁走した。

台湾住民の反乱防止のため、大陸から三年交替で来ていた清国の軍隊も、逃走準備をしながら掠奪を始めた。いわば官軍が「土匪(どひ)」に変身したのだから、台北城内は大混乱となる。富豪は欧米商人のすすめに従って、治安維持のために日本軍を迎え入れることにした。

かくして辜顕栄や米国領事ダビッドソンらの案内で、台北に無血入城した樺山総督は、六月一七日に始政式を行ない、「島民の安寧を保つこと」を強調した。沖縄の中城湾における演説と比べて、抵抗者の膺懲よりも順民の撫育を強調したのは、そのときまで抵抗らしい抵抗がなかったからであろう。だがこの後、台北から南下した日本軍は、台南に入城するまでに四カ月もかかるほど激しい抵抗を受ける。

台湾にしか生活基盤がなく、大陸に逃げるわけにいかない台湾人が、ゲリラ戦で抵抗を始めたのだ。彼らは清仏戦争で勇名をはせた猛将劉永福が新総統になることを要望し、劉永福も勝てば総統になるつもりで、一〇月二九日まで南部で抗戦してから大陸に脱出した。

日本側の発表では、この「台湾征討」の指揮をとった北白川宮能久親王はマラリアで病死したことになっているが、実は地元の台湾ではゲリラに殺されたのが真相だと言い張る者も少なくないほど、台湾人は抵抗したのである。

日本帝国参謀本部編『日清戦争史・第七巻』七五八ページに「全台皆兵の観あり」と記録され、川崎三郎編『日清戦争史・第七巻』三七二ページに「台湾人民は剽悍決死の気象に富み……婦女もまた戦闘に与りて我に抗せり」と記録されていることからも抵抗の激しさがうかがわれる。

それでも台北城内は全然抵抗がなく、台湾人の同化をめざす日本当局は、六月一七日の始政式の翌日、すぐ台北市大稲程のドイツ領事館跡に学務部の看板をかかげた。

初代学務部長伊沢修二は台湾人漢学者に対して、「台湾は日本の天皇陛下と支那の皇帝陛下の条約によって日本に渡されたのであり、日本が掠奪したのではない。わが王師に敵対する者は支那の皇帝に対する不忠にもなる。台湾人はこの大義名分を理解し、良民になるために日本語を勉強すべきである」と説得した。

だが、この元ドイツ領事館付近の住民は戦乱を避けて遠くへ避難した者が多く、日本語を学ぶ生徒はいないという。そこで、台北近郊の士林街に住んでいた通訳巴連徳は、近所の芝山巖にかつて寺小屋教育をした恵清宮があったので、ここに学務部を移したら地元の有力者も協力しそうだと提案した。

かくして七月二六日、芝山巖で日本語教授が始まった。当初、生徒は有力者の子弟六名だけだったが、九月には二一名に増え、伊沢部長と通訳の説得が通じたかに見えた。

ところが翌一八九六年元旦、抗日台湾人が北部一帯で一斉蜂起し、そのときたまたま東京に出張していた伊沢部長と山田耕造を除く学務部の日本人教師六人が殺された。抗日軍は台湾民主国の復興をめざす「民主国重興元年札」も発行していたが、日本軍は彼らを「土匪」と称して、ただちに容赦ない弾圧を開始した。とくに蜂起が激しかった宜蘭では、「一月二十八日までに誅戮せしもの約千五百人、家屋の焼燬せられたるもの一万、宜蘭平原の大半は灰燼した」と記録されるほどの惨状を呈した。戦死者は日本人一二八名に対し、台湾人は数千に上った。

士林の有力者、潘光松は日本語普及に協力し、一族の子弟四名を最初の生徒にしていた関係で、事件前夜に教師たちに避難をすすめたが、教師たちはたんなる噂として避難しなかった。それなのに事件後は、「有力者潘光松は犯人の逃亡先も知っているはず」として拷問にかけられ、三月七日に遭難教師の同僚として仇を討ちたい山田耕造に首を斬られた。「これはあまり言わないほうがよいが、そんなこともあった」と、当時の保安係長兼学務部員の佐倉孫三は一九三〇年発行の『史談速記録』三八二号で回想している（鳥居兼文著『芝山巖史』芝山巖史刊行会、一九三二年一二月刊）。

日本当局は、この芝山巖事件を大いに利用し、遭難教師を忠君愛国の教育者の鑑にまつりあげ、「六士先生」と称して芝山巖に記念碑を建て、靖国神社に合祀するとともに、その後は教育者たる者は「芝山巖精神」に学ぶべきであると宣伝した。

2　「芝山巖精神」の本質

前記の『芝山巖史』には多くの人の回想が収められている。その一つで、志保田鉎吉は「中等学校以上の教師たちはほとんど芝山巖精神を知らない」と嘆いている。だが幼い小学生とちがって、台湾人中学生の中には芝山巖精神を侵略精神として反発する者もいたから、中学教師の多くはそんな精神に触れたくなかったのが真相だろう。それに、中学教師が増えた頃の台湾は、山岳地帯に住む原住民を除いて武力抗日はなくなり、教師の遭難などは全くなかったのである。

しかし原住民が多い山奥では、殖産部撫墾所（弁務署）、警察官吏派出所、蕃務官吏駐在所などを兼ねた教育所という山小屋で、単独勤務の警察官吏が教師を兼任することが多かった。

彼らが赴任するときは平地人や原住民が荷物をかついでいくが、時に断崖絶壁のケモノ道を果てしなく登らされることもある。そのため同行の新妻が、「私は離縁されてもかまわないから、もうこの坂は登らない」と言い出し、「離縁坂」という地名が生まれたという言い伝えもある。中には、夫の赴任地の谷川で洗濯中に首を狩りとられた妻もいた。

山地の教師本人が首を狩られることもしばしばで、こうした犠牲者は芝山巖に合祀された。しまいには在職中病死者で特別の功労がある者も芝山巖に合祀し、それは全体で数百名に達した。その中には、遭難することのなかった台湾人教師も多少含まれる。つまり台湾人差別にならないように体裁を整えたわけだが、教師の妻や教師を兼ねた警察官は、首をとられても合祀されず、六士先生と共に殺された用務員の小林清吉も合祀されなかった。戦後はこんな女性差別や身分差別を取り上げて芝山巖精神を批判する日本人もいる。

「芝山巖精神」の元祖である六士先生の経歴を見ると、楫取道明は日清戦争で陸軍雇員になるまでは官僚であり、関口長太郎は師範学校出身だが、台湾に渡る船中で「教育者は教育のために犠牲になるべきだ」と戦争に行くような決意を表明している。

中島長吉は師範学校出身で英仏独中などの語学を研究し、日清戦争には通訳官として従軍、『支那語楷梯』『支那征伐軍歌集』『日清軍備総覧』などの著作もある。桂金太郎は師範学校を出て、専修学校で理財学を学んでいる。

井原順之介は高等学校出身で、漢文、独英露の言語を研究し、視力が弱いために軍人志望をあきらめ、日清戦争で陸軍雇員になった。最後の平井数馬は熊本の中学校、済々黌（せいせいこう）に学び、中国語を研修して、兄が憲兵をしていた台湾に渡り、一九歳で遭難した。

以上の「六士」の上司である伊沢修二学務部長は、米国の師範学校と大学に留学して高等師範学校の校長にもなり、中国語に関する著作もある教育者であり、台湾教育の基本方針をたてた人だが、その中軸となる国語学校（師範学校に当たる）の開校式を待たず、渡台して二年後の一八九七年七月末に辞職した。個性が強く、水野遵民政局長と意見が対立したためといわれる。

以上に見たように「六士」の仇を討つと称して藩光松を斬殺した山田耕造を含めて、当時の学務部員は教育や語学に熱意があるだけでなく、忠君愛国の武人的性格も強かったといえよう。特に楫取道明が渡台の船中で作った歌は象徴的である。

「君に捧げし鴻毛（こうもう）の　軽きこの身を船に乗せ……後に心を残さぬは　ますらお武士の常なるぞ

……かひなをやくし剣を撫し……先発せし船は樺山総督打ち乗せて　基隆港に賊共を　またたくひまに打払い　山なす屍血潮なす……磯べに伏して岩まくら　野営なしたる面白さ」

事件について伊沢は、「六士は先に手を出したのではなく、匪賊に大義名分を説きつつ襲撃されたから、日本男児として空しく凶刃に倒るる能わず、剣を抜いて奮闘した」「蒙昧なる匪賊とはいえ、神聖なる教育者に対してかくも理解なきは実になげかわしい。だから教育、教化の事業は一日もゆるがせにできない」と述べている。

だが船に乗り込んだときから、武士の覚悟を強調し、服従しない抵抗者を一方的に「賊」と決めつけている人たちは「神聖なる教育者」とは言いがたいだろう。

当時の代表的な東洋史学者であった那珂通世（「東洋史」という用語を最初に使ったという）は、次のように述べている。

「我日本にも、初めは和人一種であったが、明治五年北海道のアイヌ人が我臣民となり、同十二年に県を置かれた沖縄人種、夫れから馬関条約の結果台湾と共に、漢人種及生蕃が我国に帰してから、陛下は此数種の臣民を支配せられる様になったから我々も肩身が広くなった。多くの人種を支配する事は、名誉なことである……今後は、スラブヌニックもアングロサクソンも馬来も、皆、陛下の臣民となり、我領地に集まった数多の風俗習慣に応じて、陛下が御支配をなさると云う様にしたい」（『台湾教育会雑誌』第二十三号、一九〇四年）

伊沢や六士もこうした考えを当然とする教育者だったが、後の学務課長持地六三郎も一九〇五年の『台湾教育会雑誌』第四三号において、「教育は政治の一部分であり、国家の目的を達成する一手段である。教育を神聖視し、宗教や哲学と同一視するのはまちがいだ」と言明している。だとすれば、台湾人が伊沢や六士を神聖視せず、侵略者の一味とみなして殺すのは当然のことだろう。それを「蒙昧な匪賊」ときめつける者こそ「蒙昧」ではなかろうか。

ところで、「天は高く皇帝は遠い」といわれる超大国・中国では、国家統治権が徹底せず、反国家的郷党自治が求められた歴史も長く、中華思想の本家と言っても日本人ほど単純に君権の絶対性を認めない。日本がやってくる以前の清朝支配下の台湾も「三年小反、五年大乱」といわれる状況にあった。

これを鎮圧する責任者になった日本の児玉源太郎総督ですら、「昔の土匪と違って、今日の土匪は、郷党に愛敬され、匪首は抗日の民族英雄として大衆に支持され、匪首が警察官の面前を通っても通報されず、町村長の取りつぎで良民が土匪に税金を納めている。日本軍はすべての民衆を土匪と見ている傾向もある」と認め、「蒙昧な土匪が神聖な教育者を殺した」とはきめつけていない（向山寛夫『日本統治下の台湾民族運動史』中央経済研究所、一九八七年。なお本書は九七年秋現在、日台人協力で漢文に翻訳中）。

当時においてもさまざまの意見があったのだから、この問題はまだまだ検討を要しよう。

3 再検討を要する「教育者の鑑」

一九三〇年の霧社事件では、付近の原住民一一社の中の六社が全員決起して、老若男女を問わず現場にいたすべての日本人を殺したが、これも「蒙昧な土匪が神聖な教育者まで殺した」とはいえない。明らかに民族感情が原因なのである。

この民族感情については、芝山巖で殺された六士先生の教え子の呉文明、郭廷献、潘光楷、それに通訳の巴連徳も、「日本語を学んでいる台湾人は日本人と共に殺されるとのうわさがあったから、事件が起きた元旦は身をかくしていた。しかし先生方は単なるうわさとして避難しなかった」と『芝山巖史』に書いている。

じっさい、潘光楷の従兄、潘光松は士林街保良局長（正主理）を引き受け、同族の子弟四人を最初の日本語学堂の生徒にし、二九日に芝山巖を巡視した樺山総督を接待するほど日本当局に協力していた。三一日の夜は六士を招待して、「危険だから非難するように」とすすめたと伊沢修二も認めている。

したがって一月四日に柯秋潔ら生徒五人が、総督府に出向いて事件を報告し、八日以降の六士の遺体探しや埋葬に一〇名の生徒が参加しても、潘家の者は一人も顔を出さなかった。通訳の巴連徳は三日、柯秋潔は二日にすでに単独で総督府に報告しており、彼らは互いに日本人の寵愛(ちょうあい)を争い、顔を出さない潘家の悪口を告げたらしいとにおわせる記録もある。

そのせいか、日本人の多くは、「潘光松は土匪に資金を提供し、先生方は何も知らされなかったから殺された」と書いて、山田耕造による潘光松殺しを正当化している。だが伊沢部長は「六士は何も知らされなかったのではなく、生命がけで大義名分を説く教職に殉じるために避難しなかった」のだと主張し、六士を「教育者の鑑」にまつりあげる根拠にしていた。すると「潘光松殺しは誤解であり補償を要する」ことになるが、日本人教育者もその教え子の台湾人もそう言わないから、芝山巖精神はやはり尊くないのである。

だから六士三十年祭の一九二五年の教育会雑誌『台湾教育』記念号で、回想文を発表した潘光楷は、柯秋潔らのように抗日台湾人を土匪として罵倒していない。「我々は事前に台北城襲撃のニュースを先生方に伝えていた。……事件直後に雲がくれしたのは、日本当局に最も協力した潘家の同族としてやむをえないことだった」と書いて、従兄の潘光松の冤罪を晴らそうとしたようにみえる。

しかも『芝山巖史』などの資料によれば、事件当日の六士は渡し船がないために台北の祝賀式に行けず、警察官が一〇数名いる近くの駐在所に立ち寄り、「行動を共にしよう」と誘われたとき、「教育の職場を守る」と言って芝山巌に戻っている。しかるにその後、誰も追ってこないのにみずから再び山を下りて殺されたのだから、その行動には不可解なところがあり、職場を死守して殺されたとはいえないのが真相になる。

また潘光松は、日本の統治に協力する一方で、抗日台湾人にも金を出さざるをえなかったのだろうが、これがいわゆる「土匪税」になることは児玉総督も指摘しているとおりである。

それにしても、客観的証拠もなしに「土匪に通じた」と決めつけられ、形式的軍事裁判で死刑を判決された潘光松を、六士の仇として自らの手で斬った山田耕造が、「芝山巌の教育精神」を鼓吹（こすい）するのも、植民地でしか通じないことだろう。

井上伊之助という人は、一九〇六年ごろ樟脳（しょうのう）採取のために山奥に入って原住民に首を狩られた父の仇を討つよりも、首狩り風俗をやめさせるための伝道に生涯を捧げたが、これこそ真の教育者の名に値しよう。

一九〇七年の北埔（ほっぽ）事件で殺された渡辺亀作支庁長の息子三郎も、「父の仇として、捕虜の首を斬れ」と軍人に強制されたが、「捕虜を殺すことはできない」と断わっている。

戦後、台湾にきた中国人は、六士をほめたたえた日本人建立の記念碑を倒して、呉文明と潘光楷の供述に基づくという日本人罵倒の記念碑を建て、「土匪」を「義民」に改めた。ところが、一九六五年に芝山巌を訪れた高千穂商科大学の上沼八郎教授は、八六歳の潘光楷氏が「あの記念碑には誤謬と誇張がある。義民は結局無頼の徒にすぎず、あれでは六士先生に対して礼を失する」と話していたと報告している（『国立教育研究所紀要』一二一集所収「台湾における植民地教育行政史の一考察——芝山巌事件について」）。

さらにその一二年後、元台北三中の体操教師だった三上保は、潘光楷の息子潘迺興（はんないこう）氏に会って、「潘光松を殺した山田耕造に対する怒りをぶちまけられた」と、著書『台湾における六士先生の功績』に書いている。潘家一族の今昔についても詳しく説明しているのは、誰もが記録しない歴史を記録した点で大きな意義がある。だが、それでもかつて台湾で教鞭をとり芝山巌精神を鼓吹した日本人教師として、事件の見直しを要するとは書いていない。またほかに、六士の子孫を含む多くの日本人が台湾人と交流しているが、日台人を問わず六士と潘氏の子孫の和解をすすめる人がいないのも残念なことである。

4　初等教育・国語教授に全力投球

異民族の土地を侵略し、異民族を支配し同化することを、中国人は「王化」と称し、未同化の者は「化外（かがい）の民」と称していた。同化された者は中国の王たる皇帝の臣民にされるからである。

日本人が台湾人を同化するのを「皇民化」というようになったのも、同化によって「天皇の臣民」にするためだった。

また、大陸で中国人に同化された諸民族の多くは、台湾原住民のように固有の文字をもたなかったため、中国から漢字を学ぶことによって自ずと無意識のうちに同化されるケースが多く、抵抗は少なかった。孔子、孟子も「中国の文化・風俗に従う者は中国人と認められる」と述べている。だが日本人が台湾人の同化をめざしたとき、台湾人はすでに漢文を自分のものにしていた。したがって中国から漢字・漢文を学び、それに返り点をつけて逆さに読む日本人を野蛮人とみなして、「蕃人(ばんじん)」と称し、日本軍の侵攻を野蛮人＝蕃人の反乱として「蕃仔反(ファンアファン)」とも称した。

だから日本人が台湾へ乗り込んできて、台湾人を教育すると宣言したとき、蕃人の分際で何を言うかと反発した台湾人も多かったにちがいない。最初の日本人教師が神聖な教育者のつもりでいても、抗日台湾人に殺されたのは、こんな事情もあったと考えられる。

しかし日本人はいささかもひるまず、すぐに陣営を立て直し、国語（日本語）普及のために国語伝習所と国語学校の設立を計画した。そしてまだ国語学校を設立していないのに、一八九六年四月一三日、芝山巖学堂を国語学校附属芝山巖学堂と改称し、一五日には日本で募集した新任教師四五名を第一回講習員として、早くも台湾語の授業を開始した。

つづいて同年六月二二日には国語伝習所規則（総督府令第一五号）が発布され、年末までに全島の各地で合わせて一四カ所の国語伝習所が設立された。その教師は、四月に台湾語講習を開始し、七月一日に卒業させた第一回講習員。伝習所の規則と教科目は次のとおりである。

第一条　国語伝習所ハ本島人ニ国語ヲ教授シテ其日常ノ生活ニ資シ且日本国的精神ヲ養成スルヲ以テ本旨トス

第二条　国語伝習所ノ生徒ヲ分カチ甲科乙科ノ二種トス

第三条　甲科ノ生徒ハ年齢十五歳以上三十歳以下ニシテ普通ノ智識ヲ備フルモノヲ入学セシメ乙科ノ生徒ハ年齢八歳以上十五歳以下ノモノヲ入学セシム

第四条　甲科ノ生徒ニハ現行国語ヲ専習セシムル傍ラ読書作文ノ初歩ニ及シ其期限ヲ凡ソ半箇年トス。乙科ノ生徒ニハ現行国語ノ外読書作文習字算術ヲ修メシメ其期限ヲ凡ソ四箇年トス

土地ノ情況ニヨリ乙科ノ生徒ニハ漢文地理歴史唱歌体操ノ一科目若（もしく）ハ数科目ヲ加へ、女児ノ為ニハ裁縫ヲ加フルコトヲ得

第十四条　国語ノ教授ハ本国現行ノ言語ヲ用ヰテ自己ノ思想ヲ精密ニ流暢ニ言明スルコト、並ニ他人ノ言語ヲ明瞭ニ解釈スルコトニ通熟セシムヘシ

第十五条　適当ナル文句ヲ用ヰテ正確ニ自己ノ思想ヲ表出シ、他人ノ文章ヲ解釈スルコトニ通熟セシムヘシ。国語及読書作文教授ノ際ニ於テハ、我ガ国体及古今ノ情勢並ニ海外諸

国ノ関係ヲ知ラシメ、又天然ニ属スル諸物ノ現象及之ヲ統理スル勢力ノ作用、人類ノ天地間ニ立チテ其ノ性命ヲ保全スルニ遵守セサルヘカラサル諸法等ヲ知ラシメンコトヲ要ス

こうして伝習所はつくられたが、当初は「蕃語にすぎない日本語」を学びたい者は少なく、日本政府は生徒を集めるために、台湾語の漢文も勉強させ、毎日一〇銭ないし一五銭の奨学金を支給していたが、これは女子助教員の月給四円五〇銭とあまりかわらない額だった。

しかし日本の支配下では日本語を学んだ方が有利であり、西洋文化を取り入れた日本文化が、漢文しか教えない「書房」(日本の寺小屋に似たもの)教育より進歩的であることもだんだん理解され、生徒も次第に増えていった。

こうして一八九八年七月にいたり、総督府は国語伝習所を廃止して日本の小学校に当たる公学校を設立して台湾人を教育することにし、次のような台湾公学校令(勅令)を発布した。

第一条　公学校ハ街庄社又ハ数街庄社ニ於テ其ノ設置維持ノ経費ヲ負担シ得タルモノト認ムル場合ニ限リ知事庁長之カ設立ヲ認可スルモノトス

第三条　公学校ニ就学スル生徒ノ父兄又ハ後見人ハ授業料ヲ納ムヘシ

第五条　寄付金其ノ他ノ収入金ヲ以テ前条ニ掲クル一切ノ校費ヲ支弁シ得ル場合ニ於テハ授業料ヲ徴収セサルコトヲ得

公学校と国語伝習所の最大の相違は、奨学金を出さなくなっただけでなく、逆に授業料をとることにしたことだろう。それでも公学校は成り立ったわけだから、当時の台湾人は経済力と向学心がかなり強く、教育の普及には有利な条件があったといえよう。同年八月になると、さらに次のような公学校規則も定められた。

第一条　公学校ハ本島人ノ子弟ニ徳教ヲ施シ実学ヲ授ケ以テ国民タルノ性格ヲ養成シ同時ニ国語ニ精通セシムルヲ以テ本旨トス

第二条　公学校ハ土地ノ情況ニ依リ別ニ速成科ヲ設ケ夜間休業日又ハ其ノ他通常ノ教授時間外ニ於テ国語ノ教授ヲナスコトヲ得

第三条　公学校ノ生徒ハ年齢八歳以上一四歳以下トス

第四条　公学校ノ教科目ハ修身、国語、作文、読書、習字、算術、唱歌、体操トシ其ノ修業年限ハ六箇年トス

「国民」養成をめざしている点は、国語伝習所当時と変わらないが、教科目に「修身」を新設したことでそれが強化されたのである。このあと一九〇四年の規則改正では、作文、読書、習字もすべて国語科目の中にまとめてしまったが、これも「国語教育」を強化するためであった。だが一方では、台湾語の漢文も教科目に加えており、民族感情にも配慮している。

日露戦争後の一九〇七年、公学校令と公学校規則がまたも改正された。公学校令の改正は、

「寄付金など授業料を以て経費を支弁し尚足らざるときは街庄住民に負担せしめる」とあるように財源の確保が主要な目的だった。

また公学校の規則改正では、それまで生徒の年齢の上限が満一六歳であったのを四カ年延長して「満二〇歳以下」とした。日本語を学びたい者は、年をとってからでも遅くないと奨励したのである。

日本の元号が明治から大正へと変わった一九一二年、またも公学校規則が改正された。その中では、「何れの教科目に於ても常に徳性の涵養と国語の習熟とに留意して国民に必要なる性格を陶冶せむことを務むべし」と、なお一層の同化を強調している。

その後も数回、一部改正されるが、一九一九年に台湾教育令が定められる前年の改正では、教科目に地理が加えられたほか、次のような点が改正された。

——国語科は話し方、読み方、綴り方、書き方、実科は農業、商業、手工に分別し、一教科目と見なす。

——式日の規定中、台湾神社例祭日に職員及び児童参集して、学校長は誨告（訓話）をなす。

つづいて一九二二年には、日本人・台湾人の差別をなくすというふれこみで、新教育令が発布された。これにより、台湾人を進学させる中等学校が増設されたため、公学校規則も教科目に国史（日本史）を取り入れるなど、かなり大幅な改正が加えられた。日本の小学校と同様に、就学年限六年の公学校に修業年限二年の高等科が設置できるとなったのも、この改正によってであった。

その後は太平洋戦争直前の一九四一年四月にいたって、公学校と小学校をすべて「国民学校」と改めるまで、大きな変化はない。国民学校制度は戦争のための国民精神総動員の一環たる「皇民錬成」にほかならず、私自身の体験をもとにI章で述べたとおりである。

5　原住民教育

ところで原住民の初等教育では、一九〇五年に国語伝習所を廃止して「蕃人(ばんじん)」の子弟を就学せしむべき公学校」と改称した後も、ずっと授業料をとらなかった。修業年限は四年（まれに三年または六年）、教科目は修身、国語、算術（情況に応じて農業、手工、唱歌を加設）だった。

一九一四年の規定改正では「蕃人公学校」と改称され、一九二二年に差別廃止をめざす新教育令が発布された後は、「蕃人公学校」を「公学校」と改称した。「蕃人」というのは前にも述べたように野蛮人の意味であり、差別用語だから、「蕃人」または「生蕃(せいばん)」という呼称も「高砂族(たかさごぞく)」に変え、「熟蕃(じゅくばん)」（平地人に同化した「蕃人」の意味）は「平埔族(へいほぞく)」に変えたのである。

なお一九〇八年に定められた「蕃童教育の標準」には、次のような条項がある。

三　教育は漸次我が風俗習慣に化熟せしむるを以て目的とし学術の教習は暫く急務となさざるものとす。

四　教育に要する器具物品は官費を以て設備し、必要に応じ備品は貸与し消耗品は給与するものとす。

五　通学生の午食並寄宿生の食料は官給とし、炊具食器及び寝具は之を貸与するものとす。

これはまだ公学校がない教育所の「蕃童」が対象である。やはり同化をめざしているが、〝宣撫工作〟のような性格もある。しかし抵抗鎮圧がかなり成功した後の一九一四年の蕃人公学校規則第一条は「蕃人に徳育を施し、国語を教え、生活に必須なる知識技能を授け、国風に同化せしむるをもって本旨とす」と規定しており、同化の目的を明らかにしている。

一九二八年に改正された「蕃童」の教育標準も「国民性の涵養を主とし、精神的同化に務める」ことを強調している。公学校がない所は終戦まで教育所を設けていたのである。

公学校を設置する前、領台二年目の一八九六年に設立された国語伝習所一四校の中で、原住民を対象にしたのは、恒春伝習所のテラソク分教場しかなかったが、二年後にここでも「芝山巌精神」にからむ悲劇が発生した。

まず神聖な教育者であるはずの恒春国語伝習所長相良長綱は、政治家の職務である恒春支庁長も兼ねたことで神聖性がなくなり、持地六三郎のいう政教一致を実践することになった。そしてたしかに忠君愛国の教育に生命をかける芝山巖精神を忠実かつ勇敢に実践した。ある日、丸腰でテラソクの大頭目潘文杰（はんぶんけつ）を訪問し、「蕃人も日本国民になったから、天皇に忠義をつくし、子どもに日本語を勉強させるべきである」と説得したのである。

これに対し、潘文杰は「丸腰で説得にきた相良を信頼する」といい、「ここは平地とちがって教室にする建物がないから、まず学校を建ててくれ」と要求した。日本当局は大喜びで三千円の特別経費を支給し、相良は開校式で安積（あさか）五郎に勅語を奉読させ、原住民に頭を下げて拝聴する「大義」を教えた。安積も支庁の書記官と学務部員を兼ねていた。

生徒はパイワン族のほかに少数のアミ族や台湾平地人を合わせて二七名。授業は日本語とかれらの三種の言葉を比較対照するから、言語学を研究したい者には得がたいチャンスになったはずだが、このチャンスを生かした言語学者はいない。

さて、こんな「芝山巖精神」で教育をすすめて二年余りたった一八九八年一二月、台湾南部の抗日台湾人が潮州を襲撃し、恒春城をも包囲する形勢になった。テラソク分教場の日本人教師伊原太郎と大庭常春は、まさに芝山巖における六士先生のような立場に追い込まれた。

潘文杰はこの日本人教師二人を自宅に招き、「ここにいたら大丈夫だ」と言ったが、二人は「寝首をかかれかねない」と懸念し、恒春の方へ行ってみることにした。潘文杰は一族の青年一

○数名を護衛につけて送り出したが、途中で二人の懸念は的中し、護衛に殺されてしまったという（佐藤源治著『台湾教育の進展』台湾出版文化株式会社、一九四三年）。

日本人の立場からみれば、こんな「芝山巖精神」の実践者はたしかに忠君愛国の教育者の鑑（かがみ）であり、潘文杰も相良のように丸腰で敵陣に乗り込む日本人は敵ながらあっぱれと認めていた。だがそれでも、チャンスがあればその首をとるのが民族感情だから、芝山巖精神はやはり悲劇のタネだったのである。

もう一つ注目すべきことは、台湾教育界でこんな活躍をした相良長綱の経歴である。まず一八七四年（明治七年）の「征台の役」に陸軍少尉として従軍しており、一八八六年七月から八八年四月までは沖縄県師範学校長兼高等師範幹事をつとめた。この間に「生徒をして順良、信愛、威重の気質を備えしむること」を強調した。相良は沖縄人を「順良な日本人」へと仕立て上げる国家主義と軍国主義教育の第一線に立っていたのである。

「威重」というのは教育の効果をあげるために教師の権威を高めることであり、台湾では夏は白、冬は黒の海軍武官服みたいな文官服を着用して文官帽をかぶり、式典の日は肩に金モールをつけ、腰にサーベルを下げることで、人々に畏敬されていた（巻頭写真ページ参照）。

相良が校長を務めていた一八八八年に内務大臣山県有朋に続いて、文部大臣森有礼も沖縄師範学校を視察し、「師範生徒たる者は自分の利益を謀（はか）るは十分の二、三にして、其の七、八は国家必要の目的を達する道具、即ち国の為に犠牲となる決心を……」という演説をしている。

　これは一八九六年以降の台湾で鼓吹された「芝山巖精神」とそっくりだが、相良はまさにこの忠君愛国の犠牲的精神を実践したのである。

　相良が台湾総督府学務部員となったのは、伊沢修二部長や楫取道明と同じ一八九五年五月二一日であり、その後部員に加わった三宅恒徳らや通訳巴連徳と共に、講義用日本語テキストも作っている。

　伊沢修二の次に学務部長心得になった児玉喜八も、沖縄の師範学校長と中学校長を兼ねたことがある。『台湾教育会雑誌』の編集者兼出版者になった花城康故は師範学校出身の沖縄人だから、日本当局は沖縄における「皇民化」教育の経験者を台湾でかなり活躍させたといえよう。

6　師範学校の役割

　日本政府は台湾人初等教育に全力投球したが、「教育は権利意識を生じさせないように考究すべし」ともいって、できるだけ台湾人に中・高等教育を受けさせない政策もとっていた。教育は国語（日本語）普及がすべてに優先した。

台湾統治二年目の一八九六年、英語を教えない中学三年レベルの国語学校を創立して、語学部（後に国語部と改称）の国語科と土語科のほかに師範部を付設し、一八九九年に台北、台中、台南の三師範学校を創立したのも、国語普及の通訳や教師養成が目的だった。この一八九六年以降の五年間に、日本本土においても七回ばかり正式教員を募集し、合計二六四名を二、三カ月の台湾語講習を施しただけで各地に赴任させたのも、国語普及を急いだからである。

だが当初は思ったほど生徒が増えず、台北と台中の師範学校は一九〇二年、台南師範は一九〇四年に廃止され、国語学校師範部に乙科として吸収された。

一方、本来の師範部は甲科となり、一九一〇年に日本人を教える小学師範部が増設された後は公学師範部甲科と改称した。だがこれは中学四年修了の日本人がさらに二年間修業する所とされ、台湾人は中学三年レベルの公学師範部乙科にしか入れず、教師になっても校長にはなれないようにする資格差別のシステムも用意されていた。

一方、日本人のための土語科は五年目（専修科は三年目）に廃止された。伝染病が多く、治安も悪い台湾で、教師を志望する日本人は少なかったからだ。一九〇八年に台湾を再訪した伊沢元学務部長も、彼が一〇年前に集めた第一、第二回講習員九五名の中で、三二名がいまだに台湾で活躍していることを知り、大きな喜びとしている。

このように日本人教師のなり手が少なかった頃は、公学校の生徒が増加し、教師が不足すると、総督府も公学師範部乙科に入る台湾人を増やすほかなかった。当時の台湾は人口わずか三百万弱、日本統治下の五〇年で人口も農耕用地も二倍に増えるほど、未開拓の肥沃な土地があったから、経済状態はアジア各地の中でも抜群に良かったが、さらに教師の給料は一般台湾人がうらやむほどよかった。

台湾の日本人公務員は、日本本土の公務員の給与に六割加俸が与えられていたため、台湾人差別の実例とする学者も多いが、この加俸は遭難の危険がある外地手当というものだった。だから台湾人教師の俸給は、台湾の日本人教師に比べれば低かったが、日本本土の教師に比べれば学歴（最初は三年対六年）による差別があるだけでほかに差別はなく、昇級の規定にも差別はなかった。

私の父の場合を一例に引くと、日本人の校長と同じ「訓導」という資格で一九二一年の初任給は四四円、一九三八年は六六円という記録が残っている。日本人校長も少ない人は六五円くらいで、准訓導（講習科出身）や教員心得は三〇円、中には二〇円から始まる人もいたから、正教員の待遇のよさは明らかだった。

しかも正教員は判任官の文官服を着て勤務するから、官尊民卑の伝統がある台湾では、まだ童顔の青年が全寮制の国語（師範）学校を卒業し、文官服を着て帰郷すると、有力者が郷土の誇りとして祝賀の一席をもうけるほど畏敬していた。

大学卒の給料は百円以上だが、台湾に大学が設置されるのは一九二八（昭和三）年、それも医学部以外は日本人が九〇パーセント以上を占めていたから、台湾人教師は文官としてだけではなく、学歴の高さにおいても台湾人に尊敬されていたのである。

こうして政府によって経済収入と社会的地位を保障された台湾人教師は、実質的には皇民化の手段としての国語教授もまじめにやらざるをえなかった。しかも厳しい入学試験にパスした秀才ぞろいだから、教師としての能力も申し分がなく、日本当局は師範学校の台湾人生徒をどんどん増やしたのである。

一方では、教師の「威重」を高めるため、三年の修業期間を一九〇五年から四年にのばし、一九一九年の教育令発布後は予科一年本科四年の計五年とした。同時に国語学校を廃止して台北師範学校と改め、前年設立の台南分校も台南師範として独立させた。

またこの頃から、全島各地に教員養成の講習所が設けられ、視学や教諭が講師になって一九二一年までの三年間で数百名を養成した。その中の成績が良い者約半分は台北師範の訓導講習科に送り込まれ、一年で資格を与えられた。また中等学校卒業と同等の学力がある内地人男女のために、教諭養成講習科も台南師範に設けられた。しかし五年制中学に入ることすらできなかった当時の台湾人が、こんな形で訓導や教諭になるのは困難きわまることだった。だからこれは、できるだけ日本人自身の手で皇民化教育をすすめたかった当局の新政策だったといえよう。その証拠に、一九二五年頃からは教員過剰を口実に師範学校の台湾人生徒を減らしながら、日本人生徒は逆に増やしていった。

ところで、一九一九年に予科と本科に分けたのは台湾人だけで、日本人の小公学師範部は元のままだった。それにさまざまな講習科も臨機応変に設けていいことにしたから、教員の資格も複雑を極めることになる。これを分かりやすくいえば、従来の小・公学校には教諭（判任官）、訓導（判任官待遇）、教諭心得（雇）、訓導心得（雇）がおかれていたが、それを一九二二年に統一して、訓導（判任官）が正教員、准訓導（判任官待遇）が准教員、そのほかは教員心得（雇員）にしたのである。そして正教員は小学校本科、尋常小学校本科、小学校専科、公学校甲種、乙種、専科に分け、准教員は小学校、尋常小学校、公学校甲種、乙種に分けている。

差別廃止をめざした一九二二年の新教育令が発布された後は、小学師範部、公学師範部甲科、乙科の別を問わず、すべて普通科五年、演習科一年に改められた。普通科の入学資格は小学校卒業と同等の学力がある者、演習科の入学資格は普通科五年、中学五年、女学校四年卒業と同等の学力がある者とされた。師範学校卒業者、または小・公学校正教員がさらに一年研究する研究科、公学校高等科を修了して三年間講習を受け、中学校、女学校を修了して一年間講習を受ける講習科も臨機応変に設置できた。

これで台湾人正教員の資格は日本人と同等になったが、校長になれないという慣習だけはそのまま維持された。しかも、台湾人に中・高等教育を受けさせたくない当局は、この一九二二年に創立された台北二中、台南二中、新竹(しんちく)中、高雄(たかお)中などの台湾人中学生がだんだん増えるにつれて、師範学校の台湾人を減らし、日本人を増やすようになった。これは前述のとおり、日本人自身で皇民化教育をすすめたかったという本音とも関係があろう。

7 台湾人教師を減らす

ところで、当時の公学校は、秀才ぞろいの台湾人教師が一、二年生を担当するから、三年生以上は台湾語を使わない日本人教師の授業を理解できるほど子どもたちの日本語は上達した。そのため、師範学校に入った日本人は、台湾語を形式的に勉強するだけで立派に公学校教師がつとまるようになっていた。それに六割加俸もあるから、師範学校に入る日本人も増えていたのである。日本の中学を出て台湾の師範学校に入り、卒業後は六割加俸で大いに貯金をし、勉強もして、改めて「内地」の高等師範などの上級学校に入る者もいた。検定試験を受けて中等学校教員免許を取る者はさらに多かった。太平洋戦争中の一九四二、三年頃、私が在学していた当時の台北二中の教師三〇余人の中の数学と国漢の教師各二名、農業と体操、美術の教師各一名がそのようにして中学教員免状を取得した人たちだった。

一九二二年、台中師範が増設され、一九二七年には台北師範の小学師範部を第一師範、公学師範部を第二師範として分離独立させ、第一師範は一九二八年に女子公学師範部演習科も付設した。定員は三、四〇名だが、台湾人は数名以下だった。台湾人教師を減らしたい時期だから、台北第三高女と彰化高女の師範科改め講習科もこの一九二八年に廃止され、補習科になった。

台北二師と台南師範は一九二三年から、公学校乙種教員養成の講習科を設置し、公学校高等科二年修了者を入れて三年間講習させていたが、これも正規の台湾人教師を減らす口実のようなもので、人数は少なかった。一九三三年になると、普通科五年から入る演習科一年が二年になり、修業年限は合わせて七年になったが、この頃は各師範学校の普通科は定員四〇名で台湾人わずか一〇名（台北一師は初めから台湾人ゼロ）にするほど台湾人を減らしていた。

一九四〇年になると、新竹師範、屏東師範が増設されたが、一九四三年にはこれまでの六校を台北、台中、台南の三校に統合し、予科五年本科三年の専門学校に昇格させた。しかし臨機応変で国民学校高等科や中学校、女学校の卒業生を短期講習する講習科も設けられた。

この一九四三年の学制改革は、太平洋戦争開戦直前の一九四一年四月に、小学校と公学校を国民学校に統一した改革に照応するものである。すなわち国民学校制度によって「皇国の道に則り国家有用の人物を育てる皇国民錬成」をめざすことになった初等教育の精神を、中・高等教育にも適用するためである、と総督諭告その他の法令は強調している。つまり戦争動員強化のために、中・高等教育においても、初等教育のような神話にもとづく皇国史観を本来の学業に優先させ、体育を重視し、しかも「修業年限を短縮して、速やかに実務につかせる」というのである。

だから中学は、本来の五年を四年にし、高等学校、大学予科は三年を二年に縮めている。しかるに師範学校だけは、逆に七年を八年にのばし、しかも徴兵延期の年齢を高等学校や大学予科よりも高くした。その理由は、「国民学校の教員たるべき者は、国民の基礎的錬成の重責を負うべき者であり、高度の素養を有する者でなければならぬから、師範学校を専門学校にする」というのである。そして「師範学校に於ては皇国の道の修練を旨とし、我国教学の本義の徹底を期し、皇国の使命を体得し、克く皇国民の資格に辱ざる人物を養成すべきを主眼とし、之が為学業を一体として心身の修練に力めしむると共に学校の全施設を挙げて人物錬成の一途に帰せしむることにした」(『台湾年鑑』台湾通信社、一九四三年刊)のである。

このように師範学校を重視した学制大改革で、総督諭告ははっきりと「戦力の増強を緊切に要する時局の要請に応え、皇恩の万分の一に報い奉らんことを期すべし」と述べていた。師範学校に対する期待は、まさに忠君愛国の芝山巖精神や、森有礼が沖縄師範で強調した「自己犠牲の精神」とも一致するのである。

ところが日本の戦局が悪化し、この年の秋に「学徒出陣」となり、加えて船で日本から渡台してくるのも危険になったため、四三年に一〇名しかいなかった台北師範の台湾人本科生を、四四年度は五〇名、四五年度は七〇名に増やさざるを得なくなった。しかし一方、四五年の台湾では中学三年生までが「学徒出陣」させられる羽目になったから、専門学校としての師範学校は学徒兵を出しただけで卒業生は一人も出さなかった。復員後は「国語」普及の本職に戻ったが、その「国語」はすでに日本語ではなく、中国語に変わったのである。

8　教育制度に見る「一視同仁」の虚構

ここで台湾の人口について述べておくと、日本の台湾領有から一〇年たった一九〇五年、総督府が行なった人口調査によると、台湾人三〇〇万人弱に対し日本人は約五万七千人（総人口の二％弱）であった。その四〇年後、一九四五年の終戦時では、台湾人約六〇〇万に対し日本人は約三二万二千人（軍人一六万六千人を除く。総人口の五％強）であった。

先に述べたように、台湾人教育に重大な役割を果たした師範学校の前身である国語学校は、一八九六年に創立されたが、小学レベルの付属学校の開校が先になった。生徒募集に手間どった国語学校自体は、翌年の四月になってから授業が始まり、正式校舎が竣工した一〇月に開校式という臨機応変措置もとられていた。

この一八九七年五月に、芝山巖にあった第一付属学校の女子分教場が士林に開設され、本科六年のほかに中学三年レベルの手芸科が付設されたのも臨機応変措置だった。正式認可は翌年になったが、これも手芸を教えることで女子生徒を集め、同時に「国語」を普及させるのが目的であり、中等教育を急いだのではない。

そして実際、一九〇〇年の第一期卒業生一二名のうち九名が各地の公学校で裁縫、刺繡、編み物、造花などの手芸を教える教師になっている。

この手芸科の最初の女子生徒は一九名の中の一五名がすでに結婚しており、家父長を通しての強制勧誘で入学させられたため、出席率が悪く、卒業できない者も多かった。こうした事情はその後もしばらく続いたが、一九〇六年には技芸科と改称され、一九〇七年以降は仮宿舎を設けて全島各地から生徒を募集するようになった。

一九一〇年の国語学校規則改正では、正式に「台湾女子教員を養成する付属女学校」となり、一九一九年の教育令によって三年制の公立女子高等普通学校と改称して独立し、師範科一年が付設された。一九二二年になると四年制の州立台北第三高女に昇格し、師範科は講習科と改称され、一九二八年の講習科廃止までずっと女子師範学校の役割を果たしていた。その後は男も女も台湾人教師を減らす政策がとられたが、戦争中は台湾人主体の台北第三高女を出てすぐ代理教員になる者も多かった。

この台湾人最初の女学校の創立は、台湾人男子師範学校より二年も早く、日本人女学校より七年も早いが、いろいろと校名を変えているうちに第三高女となり、第一高女にはならなかった。これは日本人が主体の学校を「第一」にしたい日本人の序列観念が原因だろうが、中国の儒教の影響でもあろう。

たとえば、一八九六年創立の国語学校の第一から第三までの付属学校はすべて台湾人の学校だが、翌年に日本人の小学校として第四付属学校が新設されると、すぐ校名の序列を変更している。すなわち、まず一八九八年の公学校令発布を契機に、第一付属学校を廃止して八芝蘭（士林）公学校と改め、その女子分教場を第三付属学校に格下げしたのは男女差別による。そのために本来の第三付属も廃止して、第二付属を第一にし、第四付属を第二にしたのは、第四付属の日本人学校を格上げするための民族差別になろう。

しかも第一にまで格上げする口実がないため、一九〇二年になると、この一つしかない日本人主体の第二付属学校をも廃止して同じ日本人の第二小学校に改め、台湾人の女学校になっている第三付属学校を第二付属学校に改め、後で新設の日本人小学校を代理付属校にするという、ややこしいこともしている。

したがって一九〇四年創立の日本人女学校は第三付属学校と称され、翌年に第三付属高等女学校と改めたが、日本人が第三というのも気に入らなかったようで、一九〇七年に台湾総督府中学校付設高等女学校と改め、一九〇九年に台湾総督府高等女学校と改称して独立させた。これは創立以来、歴史も英語も教える四年制で、補習科一年も設けられたから、歴史も英語も教えない三年制の台湾人女学校との差別は明らかだった。

一九一九年になると公立高等女学校というのも創立され、小学校の高等科二年を終了しても女学校に入れない日本人がさらに二年修業する実科女学校とされた。だがわずか二年後の一九二一年に両方とも四年制の州立高等女学校に改め、歴史の古さに応じて台北第一高女、第二高女に改められた。

三年制の女子高等普通学校と称されていた台湾人女学校が、日本人と同じ四年制になり、第三高女になったのは翌年の一九二二年だから、いかに歴史が古くても、日本人をさしおいて第一高女、第二高女になれないようにする手が打たれていたといえよう。

しかも一九三四年一〇～一一月の『台湾時事新報』『台湾日日新報』『台湾新民報』『台湾新聞』『新高新聞』によれば、全島の各女学校の敷地平均一万坪、一人あたり二六・五坪に対して、三高女の敷地はわずか三千五百坪、一人あたりわずか五・四坪で、運動会を開いても走る競技はできない。そのため保護者は一〇年前から改善を求めて陳情を繰り返してきたが、なかなか受け入れてもらえない。ついに木造校舎はシロアリと雨水で腐朽し、教室の中には五度も傾いたのもあり、教師も教室に入るのは命がけという状態になって、これは明らかに台湾人に対する差別だということで、一九三七年にやっと新校舎に移転できたとのことである。

一九一七年創立の台南高女も日本人の女学校とされ、台湾人のための台南の女学校は一九二一年になってから女子高等普通学校として創立された。

一方、男子中学校についてみると、国語学校第四付属学校の尋常中学科として創立された一八九八年以来、本土と変わらない五年生で英語も歴史も教えられた。これはまもなく第二付属学校中学科になり、一九〇二年に国語学校中学部と改められ、一九〇七年に独立して台湾総督府中学校になった。一九一四年に総督府台北中学校と改められ、台南中学も創立されたが、いずれも内地人（日本人）の中学であることが府令で明記されていた。

これも明白な台湾人差別だから、台中の林献堂（りんけんどう）を中心とする台湾人の抗議と要望によって、一九一五年に最初の台湾人中学校として、公立中学校が台中に設立された。しかしこれは五年制の日本人中学よりレベルが低い四年制中学とされ、国語、漢文の時間が多く、博物（生物）と物理・化学をまとめて一科目の理科とし、英語は随意科目とされたから、上級学校進学には不利であり、差別は明らかだった。

このほか台北には、五年制実業学校として、一九一七年創立の商業学校、一九一八年創立の工業学校（第一工業）もあったが、これも内地人（日本人）の学校であると、府令に明記されていた。

こうした状況の下で一九一九年に制定された台湾教育令は、「教育勅語に基き忠良なる国民を育成する」「教育は時世及び民度に適合せしむことを期すべし」と明記し、台湾人差別をその「民度」が低いせいであるとしていた。だが日本人が台湾人の「民度」を低く抑えるため台湾人の進学を制限した真相は、これまで述べてきたとおりなのである。

それでも台湾教育令第五、第六条は、「普通教育（公学校、高等普通学校、女子高等普通学校）は身体の発達に留意して、徳育を施し、普通の知識技能を授け、国民たるの性格を涵養し、国語を普及することを目的とす」と述べている。

この教育令に基づいて台中の台湾公立中学は台湾公立高等普通学校と改められ、英語を教科目に入れたが、その規則第四条も「何レノ教科目ニ於テモ徳性ノ涵養ト国語ノ練熟トニ留意シ国民性格ヲ確立セシムルコトニ力ムヘシ」と述べている。また国語学校付属女学校改め台湾女子高等普通学校の規則第六条も、国民的性格の確立を求め、さらに「貞淑温良ニシテ慈愛ニ富ミ勤倹家事ニ従フコトヲ好ムノ習性ハ女子ニ最必要ナルヲ以テ何レノ教科目ニ於テモ常ニ此ニ留意シテ教授セムコトヲ要ス」としている。

これに先立つ一九〇七年の台湾総督府の中学校規則第一条は「中学校は内地人の男子に須要なる高等普通教育をなすを以て目的とす」と規定していた。だから一九一五年の台湾公立中学校の規則第一条もこれにならって「台湾公立中学校は本島人の男子に須要なる高等普通教育をなすを以て目的とす」と規定し、公学校で強調する国民的性格には触れていない。ところがこの一九一九年の台湾人を対象にした教育令に基づく中学校・女学校規則では、前述の通り「国民的性格」の養成が繰り返し強調されたのである。

ところでこの台湾人差別を正当化した一九一九年の台湾教育令は、当然、台湾人の不満と抗議を引き起こしたため、それを改正した新教育令が一九二二年に発布された。その要点は「一視同仁の聖旨に基き、台湾人差別をせず、内台人共学にすること」であり、これは日本人にも適用される教育令となった。

この新台湾教育令の第二条と第三条では、「国語を常用する者は小学校、国語を常用しない者は公学校に入学する」とされ、従来の内地人（日本人）と本島人（台湾人）による区別をやめて、本島人でも国語を常用できる者は小学校に入って日本人と共に学ぶことができるようになった。しかし、これにより共学を選択した台湾人は、一九四〇年に四千人弱、一九四四年段階でも五千人弱にすぎず、一方、共学を選ばなかった台湾人の児童は四〇年に六二万人強、四四年では八六万人強を数えたのである。

中等教育の方は、日本人の府（官）立中学と台湾人の公立高等普通学校を統合して州立中学と称し、日本人の府立高等女学校と台湾人の公立女子高等普通学校も州立高等女学校に統合され、英語・歴史などの教科目も統一された。この中学校規則は従来の日本人中学になかった「特に国民道徳の養成に力む」ことを強調し、女学校規則はその上に「婦徳の涵養に留意する」ことが加えられたが、差別廃止の方は実質的には実践されず、形を変えた差別にしかならなかった。

9 高等教育における差別

高等教育についてはどうだろうか。中学校を卒業したあと進学する専門学校（当初は予科を付設）について見てみると、一九一九年に創立された台北高等商業学校は日本人の学校、台南商業専門学校は台湾人の学校とされていた。この差別をやめるため、新教育令が発布された一九二二年の翌年に、台南商専は最後の生徒が卒業する一九二六年に廃止すると決定された。だがそれはかえって差別を拡大するものだと台湾人に抗議され、同年に台南高商が創立されたものの、二九年にはそれは台北高商の分校にされ、三〇年にはまたも廃止された。しかもその後の台北高商は、一〇分の一ぐらいしか台湾人を入れず、経済専門学校と改称した戦争末期でも、四三年は三三九対一〇三、四四年は三一三対一二三で日本人が多かった。

一九一九年創立の台湾人のための台北農専も、二二年に高等農林と改称し、レベルを高くして日本人と共学になった後は日本人主体となり、四〇年は二〇四対四、翌年は一六一対一、戦争激化で台湾人を増やした四四年でも日本人二四九対台湾人一四にすぎなかった。なおこの台北農専は一九二八年に台北帝大農林付属専門部になり、一九四二年に台中高農、四三年に台中農専と改称している。

一八八九年創立の台湾人だけの医学校も、一九一九年に医学専門学校に昇格したあとは、前年設立の日本人だけの医学校専門部と合併して内台共学になり、二二年以降の共学強化で日本人と半々になり、戦争末期は軍医養成のためか二三七対一二二で日本人が多くなった。

一九二二年創立の台北高等学校、一九二八年創立の台北帝国大学も日本人主体だった。台北帝大は、医学部のほかは二、三%、台北高校も約二、三割しか台湾人を入れなかった。また一九三一年創立の台南高等工業も戦争中に日本人だけどんどん増やし、一九四四年は六四三対一〇九となった。一九四一年創立の大学予科も、当初の一四二対一三が、四四年も四七六対六一であり、高等学校高等科も三六八対七三で、最後まで高等教育における台湾人差別は改められなかった。

なお一九四二年に台北高等学校に付設された三年制の臨時（中等）教員養成所も、当初は三〇名にすぎなかったのが一九四四年には一三〇名ほどに増えたが、その内訳は日本人一一三名対台湾人一六名で、やはり日本人が圧倒的に多かった。だから高等教育を受けるために、日本本土に渡る台湾人も少なくなかったが、これは相当の資産家でなくてはできないことだった。

10　台湾人の入試地獄を生んだ中等教育での差別

次に中等教育の実情を見てみよう。日本統治の初期、実業教育機関としては農事試験場、糖業講習所、国語学校実業部（電信科、農芸科など）があったが、いずれもレベルが低かった。一九一二年創立の台湾人の工業講習所は一九年に三年制の公立台北工業学校に昇格し、翌年に台北第二工業と改称され、やはり共学の名目で二三年に日本人の第一工業と合併して五年制の州立台北工業になった後は日本人が圧倒的に多くなった。

一九一九年創立の台湾人の公立の台中商業、嘉義農林も三年制とされ、二二年以降の共学制度で州立の五年制に昇格した後は、二六年創立の宜蘭農林と同様に日本人がどんどん増えた。この農工商の州立実業学校は終戦時までにいずれも数校に増えたが、農林、農業学校以外は日本人が圧倒的に多かった。その中で一九三六年創立の台北第二商業は日本人と台湾人が半々だったが、高等科二年修了で四年制の夜間学校とされていた。

一九一九年創立の日本人の台北、台中の実科高女、台湾人の彰化女子高等普通学校は、二二年に台北二女、台中高女、彰化高女になったが、彰化高女は台中に近いため、台湾人主体の台中二高女が四一年に創立されるまでは、台中の台湾人女学生は彰化まで汽車通学を余儀なくされていた。

このように、一九二二年公布の新教育令は、一視同仁の差別なき内台共学を謳っていたものの、教育における差別は戦争が終わるまで、つまり日本の統治が終わるまで続いた。新教育令発布の二二年に創立された台湾人主体の台北二中、台南二中は、約二割の日本人との共学になったが、同時に台北一中、台南一中と改めた従来の日本人中学は二、三%しか台湾人を入れない名目だけの内台共学だった。また同年創立の台中二中も日本人が主体だった。

やはり一九二二年創立の新竹中、高雄中、嘉義高女、二四年創立の嘉義中、基隆、新竹、高雄、花連港などの女学校も日本人が多く、良くて半々だった。二七年創立の基隆中も一〇数%の台湾人を「共学生」と称するほど日本人生徒が圧倒的に多かった。三七年創立の台北三中も台湾人は一〇%、四一年創立の台北四中も台湾人は二〇~三〇%にすぎなかった。

一九三六年の花連港中、三八年の屛東中、四一年の台東中、四二年の彰化中、宜蘭中を含めて、終戦時までに台湾の州立中学は一七校になり、女学校は中学がない虎尾にも設立されて、一八校になったが、卒業生の合計は男も女も日本人が圧倒的に多かった。台湾の人口はむろん台湾人の方が圧倒的に多く、終戦時は六〇〇万対三二万だったから、台湾人に中・高等教育を受けさせない差別は見かけ上の学生・生徒数よりもはるかに大きく、かつ深刻だったと見なければならない。

なお、私立学校は台北に国民中、台北中、淡水中、淡水高女、静修高女、神学校、台北女子高等学院（女専）、台湾商工、開南商業、開南工業があり、台南に長栄中、長栄高女があった。ほかに台北市立としては商工専修学校、家政高女があった。

ところで教育令改正の一九二二年に設立された台北二中、台南二中、新竹中、高雄中などの台湾人中学生は、以前からあった台中中学校を含めて五六九名になったが、それから一五年後の三七年のシナ事変の年には五倍近い二七九四名になり、太平洋戦争期にはさらに増えて四四年には七八八一名へと急増した。だが中学受験の資格をもつ公学校男子生徒は、一九二二年に約一五万、シナ事変の年には約三〇万、四四年に約四〇万に達していたから、中学入試が大変な受験地獄であることに変わりはなかった（二二年段階で二六〇人に一人、四四年でも五〇人に一人！）。

一方、一九二二年に台湾人一五三三名、日本人はわずか一三五名にすぎなかった師範学校は、台湾人中学生が増え始めたこの年から、台湾人を減らして日本人を増やすようになり、四二年の師範学校は台湾人はわずか二九六名、日本人が一三八三名という完全な逆転現象が起こっている。その理由はすでに述べたとおりである。

太平洋戦争中の一九四三年以降は、中学に入れない国民学校卒業生をすべて青年学校に入れることになり（完全実施はできなかったが）、その教師を養成する青年師範学校も台中に設立された。その生徒比は日本人一一五名対台湾人八〇名だったが、翌年は一八三名対一七七名になった。師範学校もこの四四年からまた台湾人を少し増やすようになったが、いずれも戦局の悪化にともなう日本人青年の戦場動員によるものである。

年度 項目 学校別	大正７年		昭和14年	
	校数	学生数	校数	学生数
大　学	0	0	1	282
専門学校	1	252	4	831
中・高校	4	1,843	34	18,684
師範学校	2	908	4	1,748
職業学校	3	393	79	13,207
小・公学校	541	128,436	957	593,990
各種学校	19	1,706	16	3,512

(『台湾省51年來統計提要』1211～13頁に基づいて作成)

11　真実を見ぬく眼

以上に挙げた数字を見れば、初代文官総督の田(でん)健治郎が一九一九年に「一視同仁」の差別廃止を呼びかけてから日本統治の終焉を迎えるまで、ついにそれは掛け声だけに終わったといわざるをえない。

ところが、一九八三年発行の『台湾総督府』(教育社)一五七ページで、著者の黄紹堂(こうしょうどう)氏は、文官総督時代の教育拡充の証拠として上のような表を示している。

この表の学生数は日本人と台湾人を分けていないから、読者は「たしかに台湾の教育は飛躍的に発展した」と思うだろう。だが、昭和一四年(一九三九年)の日本人と台湾人の学生比率は、台北帝国大学の文政学部で六三対六、理学部で五〇対九、台北高等学校の尋常科で一四七対一五、高等科で三三四対八七、農専で一七八対五、高工で一九六対二七、高商で二三八対二六、例外として医専で七九対八二、師範で一三九六対三五二であった事実を見れば、文官時代を経てもこんなに台湾人を差別していたのか、という逆転評価になろう。

田健治郎は最初の〝平民宰相〟原敬によって任命されたから、格好よく「一視同仁」を叫んだが、「内台共学」の美名の下にこういう差別を行なったことは、矢内原忠雄も一九二九年に出版した『帝国主義下の台湾』の中で指摘している。

一九二一年以来、一五回も行なわれた台湾議会設置の請願も、原敬ならばとの期待むなしく、受け入れられなかった。田総督はこの運動をやめさせるために、リーダーの林献堂に対して「銀行融資をやめさせることもある」とすら脅迫した。そのため林献堂も一時期活動を停止せざるをえなかった。総督就任直後の一九一九年一一月一二日の演説では「本島民衆をしてわが朝廷に忠誠ならしめ、国家に対する義務観念を涵養すべく教化善導せざるべからず」と強調し、武官総督児玉源太郎と同様に、権利意識をもたせず、義務観念だけをたたきこむ教育を求めている。

『台湾欺むからざるの記』(明倫閣出版、一九四八年)の著者伊藤金次郎も、その著書の中で「若かりし日、台湾施策の根本方針に対し、自治に非ずして、遂に内地と区別なきに至らしむるを要すとの信念を抱き、無爵に徹し、大勲位の肩書きを墓標に刻むことを拒否した『平民原敬』もまた日本帝国としての要人である限り、一個の官僚にすぎなかったのだ」と述べている。

一九三八年以降の中等学校に台湾人生徒を増やしたのも、再び武官総督に戻って以降の小林躋造、長谷川清、安藤利吉らの時代である。これはむろん台湾人に戦争協力を期待したための政策であり、総督が文官か武官であるかは関係ないというしかない。

したがって、台湾における学生数の総数だけを見て、日本人と台湾人の内訳を見ることなく、文官総督が武官総督よりも教育を重視したと説くのは皮相の見方にすぎず、真相を見ぬく眼力において戦前の矢内原忠雄や伊藤金次郎にはるかに劣るといわざるをえない。

一九九三年に出版された『台湾』（中公新書）の著者伊藤潔氏も、文官総督の「同化政策」の効果として一九四四年の台湾の日台合計学生数の多さを示しているが、その比率は台北帝大の文政学部は三〇対二（学徒出陣以前の一九四三年は一六四対三）、理学部は四〇対一（一九四二年は一五五対二）、工学部は四七対二、農学部は七四対〇であって、医学部の七七対八〇を除けば台湾人学生数は日本人の一〇分の一にも達していなかった事実に触れていない。

ところで、領台当初の日本当局は前にも述べたように初等教育で「国語」を普及させ、台湾人を同化させるために奨学金を出したが、三年目からは逆に授業料を取るようになった。その後は日本人小学校の教科書より高価な台湾人用教科書も売りつけたから、教育を普及させるのは得にこそなれ損をすることはなかったのである。校舎も台湾人の税金と寄付金で建てたが、これは台湾人に経済力があり、漢文の素養もある上に向学心も強かったことによる。これに対し、原住民は授業料を払う経済力もなく、中学進学は平地人の千分の一にすぎなかった。

前述の『台湾』において著者伊藤潔氏は、英国の植民地だったマレーシアと比べて日本統治下の台湾の教育の充実を評価しているが、同化をめざさなかった英国の植民地支配下においても、台湾人と同じ条件にあったシンガポール人や香港人は台湾人と同レベルの発展をとげている。日英の植民地支配の方法はちがっても、自国の利益を優先させた点に変わりはないのである。しかも戦後の旧植民地人に対する補償問題では、日本ははるかに劣っている。西欧諸国でも旧植民地人の国籍は独立後に変わったが、それを理由に、教師や公務員、軍人の恩給権を否認したのは、日本だけなのである。

III 戦時下台湾の中学生

1　日米戦争と受験戦争

一九四一年一二月八日、太平洋戦争が始まったとき、私は国民学校六年生だった。先生は真珠湾攻撃の大戦果と戦艦、航空母艦の機能についてかなり詳しい説明をした後、「戦争はけんかみたいなものだ。アメリカよりもけんかに慣れている日本が勝つ」と言ったが、それでも自信満々という感じではなかった。

「天祐を保有し」という天皇による宣戦布告の詔書も、中華思想に学んで、運を天に任せるという天命論であったが、当時の私に戦争の成り行きを判断する能力があるわけはなく、緊張もしなかった。ただ詔書に関することが中学入試に出そうだということで、詔書だけは暗記したが、あの難解な詔書をどこまで理解したかは記憶にない。

要するに私にとっては日米戦争の勝敗よりも受験戦争の勝敗が大事だったことになるが、これは前章で述べた台湾人の入試地獄と関係がある。なにしろ当時の台湾の人口は台湾人約六〇〇万、日本人約三二万で大差があるのに、中学生の数はほぼ同数だったのだ。しかもこれは戦争に協力してもらうために台湾人を増やした結果であり、戦争前の台湾人中学生は日本人よりもはるかに少なかった。

当時の台北市には台北一中、二中、三中、四中と州立中学は四校あったが、その生徒数は、台北一中が一学年の定員二百名で、うち台湾人が四、五名、三中が定員一五〇名で台湾人一〇数名、四中が定員一五〇名で台湾人二〇から三〇名、二中だけが定員一五〇名のうち台湾人一二〇名（私が受験した一九四二年からは定員二百名、うち台湾人一六〇名となった）で、台湾人の中学とされていた。台北高等学校尋常科も三六名対四名、台北一師は四〇名対〇名、台北二師も三〇名対一〇名で日本人が圧倒的に多かった。

現在の総統李登輝（りとうき）は、どうしたわけか台北第二師範学校と台北二中を何回受けても合格できず、私立の淡水（たんすい）中学に入った。当時、私立中学から上級学校へ進むのは極めて困難で、淡水中学から台北高等学校に入ったのは、後にも先にも李登輝一人だけといえば、日米戦争よりも受験戦争を重視する小学生がいてもやむをえなかったと理解できるだろう。

日本が台湾を統治した五〇年の間に、台湾人の人口は三〇〇万から六〇〇万へと倍増した。その人口増加にもまして急上昇したのが就学率で、寺小屋の「書房」時代に三万にすぎなかった生徒数は、公学校生徒八七万と三〇倍近くにふくれあがった。一九四三年段階で、就学率は七一%（原住民は八三%）に達している。こうした教育奨励の第一の目的は、もちろん「同化」にあったが、それにしてもこの教育の普及が台湾の近代化の基礎を築いたことは否定できない。

しかしこのような台湾人の間での教育の普及も、日本人との対比で見ると、別の大きな問題が浮上してくる。初等教育を受けている生徒は台湾人が日本人の一七倍もいるのに、中等教育を受けられるのはほぼ同数ということになるのだ。高等教育になると、医学生以外の台湾人は日本人の一〇分の一程度に抑えられていた。これでは台湾人が入試地獄に苦しみ、不満を抱いたのは当然だったろう。

2 中学校入学と先輩による〝洗脳〟

「台湾人の学歴を低く抑えるのは権利意識をもたせないためだ」と児玉総督も田総督も言明していた。実際、大正デモクラシーの波に乗って生まれた台湾文化協会、台湾議会期成同盟、台湾民衆党、台湾共産党、台湾地方自治連盟などの政治結社は、高学歴者によって指導され、台湾議会の設置などの自治の権利を要求した。しかし彼らは、「進学機会の平等」も要求していたのだから、児玉総督のいうように「進学させなければ権利意識を生じない」とは限らず、進学させないからこそ進学平等の権利を求めるようになった面もある。

こうした権利を要求する台湾人の政治結社は、満州事変の頃までにほとんど弾圧され、かろうじて生き残っていた台湾地方自治連盟もシナ事変が勃発すると自発的に解散した。だがその直前の一九三六年に武力革命をめざす台中州下の秘密結社「衆友会」の会員一五名が検挙され、三七年一月に二年ないし八年の刑を科された事件もあった。

同じ三六年に台北でも二中の四年生一八名が、「高砂帝国」という国名で台湾の独立をめざす「列星会」を結成した（その後、経済的困難を解決するために大陸と協力する「中国急進青年党」と改称）。たまたま「台湾語を使うな」と干渉してきた鉄道局の日本人職員を仲間が刺殺するという事件が起こり、その事件の捜査が組織摘発に発展して、やはり三七年に首謀者三名が一九年の刑を科されている（台湾軍情報部ガリ版刷資料）。

シナ事変前の全島の公立中学生は約三対二で日本人が多く、とくに台北での比率は三対一になっていた。さらに、受験地獄の狭き門をくぐって台北二中に入ったとしても、上級学校の門がなおいっそう狭いことを思い知らされた台湾人中学生が、反日的になるのは自然のなりゆきだったろう。

この数年後に私が台北二中に入ったときも、この校風は依然として受け継がれていた。「皇民化」教育の優等生でなくては中等学校に入れないが、入ったとたんに先輩によって洗脳されるし、自らも本当の「皇民」ではないための差別を再確認せざるをえなかったからだ。

さて、一九四二年四月、私は台北二中に入学したが、山脚国民学校から台北二中に入るのは三、四年に一人しかおらず、私は入学した後、同じ二中の先輩や私立中学の生徒数名と共に、新荘まで一時間も歩いて鉄道局の局営バスで台北へ通学する生活を始めた。グループのリーダーは台北二中五年生の王先輩で、さっそく毎朝一時間もいっしょに歩く後輩の洗脳を始めた。

「去年までは国民学校の校長の娘が一高女に通っていた。内地人だから私営の新観バス（近郊バス）にかけあって、早朝の通学用のバスを出させていた。ところが彼女が卒業した後は、早朝のバスは来なくなり、こうして一時間も歩かにゃならんのだ。校長は一視同仁という訓話ばかりしているが、われわれ本島人生徒のために、バス会社にかけあうことはないのだ」

「一中と二中で合同試験をしたことがある。数学の採点に参加した二中の林景元先生は、本島人だから正直に話していたが、平均点は二中の方が一中より一五点も高かった。当局はびっくりして二度と合同試験をしなくなったが、上級学校受験では、一中の方が圧倒的に多く合格する。同じ二中生でも、成績のいい本島人がすべって成績の悪い内地人が合格するケースがいくらでもある」

「戦前の二中生は四年か五年の時に内地旅行をしていた。電車に乗って明治神宮の前を通過するときは最敬礼させられるが、それをしない本島人に『なぜ最敬礼しない』と注意する内地人同級生もいた。それをホテルに着いた後でぶんなぐった本島人もいた」

下校して帰宅するときは近郊バスを利用できるが、私は相撲部に入り遅くまで稽古をしていたので最終バスに乗り遅れ、またも一時間歩いて帰ることがよくあった。だから朝夕の〝行軍〟と相撲で疲れて、授業中は居眠りばかり、大あくびをしたのを見つかって英語の先生になぐられたこともある。

ある日、そんなことを王先輩に話したら、「相撲部は落第坊主の内地人のたまり場だ。内地人は二中で落第するほど成績が悪くてもどこかへ入れるが、本島人はそうはいかんぞ、相撲はやめた方がいいな」とアドバイスされた。「しかし相撲部の内地人で僕と仲のいいのもいるよ」といったら、「えっ、君たちは内地人といっしょに遊ぶのか」といって目を丸くしていた。

当時、小柄だった私は、日本人とけんかになって負けないためにも、身体を鍛える必要があると思って相撲部に入ったのだったが、台湾人で相撲部に籍をおいている者は何人かいても、毎日稽古に出るのは、たしかに私だけだった。

中学に入った当初は合格した喜びで余計なことはあまり考えないが、一年もたつと先輩の影響で上級学校への進学差別の厳しさが分かってくる。すると反日感情が強くなるから、日本人と遊ばなくなるのも自然ななりゆきだった。

私も二年に進級した後は、相撲部に私より年上で身体も大きい日本人新入生が何人も入ってきたため、下級生に負ける相撲は面白くなくなった。それに日本人とつきあう台湾人先輩がいないのも事実だから、私もあまり稽古に出なくなった。

私立の中学や実業学校の台湾人は二中生より数が多く、体格がいいのもかなりいるが、上級学校へ入るのは二中生以上に困難を極めるから、そのうっぷんばらしにグループを作って他校の日本人生徒にけんかをふっかけるのもいた。その点、二中生は四対一で台湾人の数がずっと多かったが、体格は日本人の方が断然よかったから、積極的に日本人とけんかする者は少なかった。二中以外の公立中学は日本人が圧倒的に多かったから、いじめられてもどうしようもなかった。二中で私の四期先輩の謝徳仁(しゃとくじん)は、医専に入って剣道大会で優勝したが、「台湾人のくせに優勝するのはけしからん」という三中出身の日本人グループになぐられたという。

当時の日本軍国主義時代の中学生は、先輩に敬礼しなければなぐられるのが当たり前だったが、のちに学徒兵になったときの基隆(きーるん)中では、上級学校に入れなかった先輩一〇数名を同年兵百数十名が、いじめ返したという。日本人同士でもこんないじめがあったのだから、台湾人中学生もさまざまの形でいじめられていたにちがいない。師範学校と商業学校の日本人も同窓の台湾人をいじめていたが、学徒兵でかれらと同じ小隊になった二中の台湾人も、歯が折れるまでなぐられたのが何人もいた。

国民学校しか出ていない台湾人もほとんど軍隊でいじめられた。その中で台北一中出身の五十嵐力は、小隊長として志願兵李昆賢(りこんけん)を命令受領連絡兵にしたので、この小隊の台湾兵はいじめられなくなった。だから李昆賢氏は復員直前にジャカルタで病死した小隊長の高貴な人格をしのんで手記を書き、小隊長の妹五十嵐幸枝さんは、兄と李さんの国際友情を記念して、兄の母校台北一中（現建国中学）に一千万円の奨学基金を設立した。これは類例がない珍しい美談である。

3　夏休みのほとんどは勤労奉仕

シナ事変の直前に始まった台湾人の皇民化運動は、I章で述べたように「大東亜戦争」の直前に皇民錬成運動へと強化されていた。一九四一年四月には小学校、公学校は「国民学校」と改称され、皇民奉公会が発足、六月には明春を期して志願兵制度を施行すると決定された。年末に「大東亜戦争」が始まると、あいついで青少年対策が打ち出された。一九四二年五月一七日の台湾青少年団結成もその一つである。前年末に決定された結団要綱には「青少年をして万民翼賛の精神に基く国家奉仕を第一となす国民道徳を涵養実践せしむるを以て本旨とす」とうたわれていた。

その結成式で、団長は「台湾統治の本義に基き、青少年の皇国民としての実力を強化し、かつこれを本島の使命達成に向かって最高度に発揮せしめ、大東亜新秩序の建設、聖戦目的の完遂に力強く協力せんとするものである」と訓示した。

また総裁は、「大東亜新秩序の確立とは、東亜をこの肇国の大精神によって指導し、団結せしめて自主的共栄圏たらしむることである。従って次代の担当者たる青少年をして皇道世界観を体得し、皇国の歴史的使命を自覚せしめて、わが皇運扶翼のために生まれ、かつ死せんとの醇乎たる皇民的性格を錬成し……」と訓示した。

この台湾青少年団は、中学に入れないため青年学校に入った者と国民学校上級生が中核になっていたが、翌年から皇民奉公会の傘下に組み込まれ、その数は百万に上った。入団した少年たちの中には、年上の青年たちが志願兵制に反発するのを不可解なこととし、「僕が大人ならば喜んで志願する。戦死しても靖国神社に祀られるからかまわない」と語り合う者もいた。

少し大きい者も年齢はわずか一五～一七歳だから、軍人軍属の制服や戦闘帽は格好よく見える。大東亜のため皇国のために死ぬのが名誉だと、くり返し錬成されたら、喜んで軍人軍属を志願するようになったのも無理はない。しかもそれには、「東洋平和のために鬼畜米英を討ちてしやまん」という大義名分も加わっている。私の公学校時代の同期生の中には、親に内緒で少年飛行兵を志願したのもいた。軍属を志願して南洋の第一線に出て食糧生産に従事し、空襲で死んだ者もいる。

中学以上の学生対策としては、一九四二年一月一五日に、台湾学徒奉公隊が結成された。その規程第一条は「職員、学生を一体とし、指揮系統の確立せる編隊組織の下に心身を鍛錬して尽忠報国挺身難に赴くの心志を錬成するを以て目的とす」と述べている。

また第五条では、「特技隊として乗馬隊、自動車隊、自転車隊、工作隊、救護隊の訓練をする」ことが規定されている。その参加者は師範学校、専門学校、実業学校の生徒が多く、受験勉強で必死の中学生はほとんど参加しなかったらしい。だがその後で追加されたグライダー隊の滑走場を作るのは、中学以上の学生全体が参加させられ、五〇日の夏休みが一〇日に制限された。

当時の中学生は、くり返し述べてきたように激烈な受験地獄を乗り越えてきた栄光に輝く勝利者だった。中学進学をめざす小学生の目には、その制服制帽は実に格好よく映った。夏休み抜きで受験勉強をしていた国民学校六年生の時の私は、テニスや水泳、登山を楽しむ中学生の夏休みスタイルを、優雅な貴族生活のように憧れて見ていたのだった。

ところがやっと中学に入って、これから優雅な貴族的夏休みを享受しようと思っていた矢先に、グライダー滑走場建設への動員が下り、夏休みは一〇日間だけだと通達されたのだ。私たちにとっては〝皇民錬成の大被害〟だった。

作業場は川のそばの川端という所だった。まず高い所の土を掘り、モッコで低い所へ運んで地ならしをする。朝八時から午後三、四時まで真夏の炎天下の作業である。台湾の農民は気候風土に合わせて風通しのいい台湾笠をかぶるが、学生のわれわれは運動帽だから日除けの効果も比較にならない。しかるに日本人指導者は、台湾笠をかぶるのを許さない。

4　日常化した勤労奉仕

中学二年生に上がった頃から、夏休みでなくても学徒奉公隊の主要任務たる勤労奉仕作業をやらされることが多くなった。三年になると、ますますひどくなった。軍人・軍属の留守家庭の稲刈りを手伝うこともあった。高射砲陣地の構築も応援した。松山の軍需工場で白人捕虜と一緒に作業をしたこともある。生まれて初めて見る白人の体格のよさに圧倒されているわれわれとは反対に、彼らは悠々としていた。捕虜の身を恥じることもなく、笑顔をみせて手を振る者もいた。東洋文化は恥の文化、西洋文化は罪の文化といわれるが、彼らにとって捕虜になることは罪ではないし、恥でもないらしい。

ところが日本人は、捕虜になるのは恥の極みと考えるから、相互に理解し合うのは容易ではなさそうだ。東条英機の戦陣訓にも「生きて虜囚の辱めを受けず、死して汚名を残すことなかれ」とある。

この頃は空襲もたまにあったが、警戒警報か空襲警報だけでまもなく解除になることが多かったから、私は全然恐怖心がなかった。市内の三年生以上は防空任務につくが、私はむしろ警報が出て学校を休めるのが楽しみだった。

ある日のこと、松山飛行場と軍需工場をつなぐトラック道路建設の作業をしていたときだった。近づいてきた飛行機が、われわれの目の前で、松山飛行場に着陸するかのように機首を下げた。ところが着陸したのは、飛行場の少し先の山の近く、しかもその瞬間、パッと火煙を噴き上げた。「台湾神社じゃないか」「そうだ神社に突っ込んだのだ」「もしかしたら何か不満があるパイロットが、反抗の意思表示として神社に体当たりしたのではないか?」……さまざまの意見が飛び出した。

その日は一九四四年一〇月二三日、三年前に台湾神社を「神宮」に昇格させる計画が立てられて工事がすすめられ、それが竣工して、明日は勅使と総督によって遷宮式典が行なわれることになっていたのだ。その前日のこの事件である。「台湾神社が燃えるのは日本が敗ける兆しだ」と台湾人は互いに語り合った。

同じことを日本人に語りかけた台湾人もいたと記録している本もあるが、われわれ台湾人中学生が日本人の同級生にそんなことを言ったら、必ずけんかになるだろうし、先生や憲兵に通報される恐れもあるから、日本人と憂いを共にすることなど思いもよらないことだった。この事件で、旧社殿は焼けずに残ったが、日本人が大ショックを受けたことは言うまでもない。

実はこの時はレイテ決戦の真最中、二五日から特攻隊戦法が始り特攻精神を叫び出したが、戦果は上らず連合艦隊は壊滅した。この真相はかくされていたが、七、八月のサイパン、テニアン、グアム諸島の玉砕（全滅）報導で、軍人の抗命行為を連想する台湾人中学生もいたのである。

その同年、私が三年生に上がってまもないある日の放課後のことだ。台北駅でバスを待っていたら、国民学校教師の李譲沢先生が現れ、「今年の国民学校卒業生が海軍工員として内地へ行くことになった。いま汽車に乗るところだ。君にとっても幼なじみだろう、見送りにきなさい」と言う。

この海軍工員というのは一年前にできた制度で、小学卒や高等科修了者を対象とし、勉強しながら五年やれば三年制の乙種工業学校卒業と同じ資格を与えられると宣伝されていた。甲種（五年制）中学卒業生にも割り当てがあり、この場合は専門学校卒業の資格を与えると約束していた。

中学入試に落ちて高等科に入っている生徒の中には、そんな「資格」がとれるならばと考えて、自ら志願する者もいた。だが中学卒業生は「工員」になりたくないのが当然で、宣伝も単純には信じない。

国民学校を出たばかりで海の彼方に渡るのは、本人はもとより、親も望むはずがない。実質的には強制割り当てだから、担任教師はその説得に苦労していた。私の弟も彼らのクラスメートだが、二中に入っていた。日本へ行くのは弟の友達たちで、みんな私立中学に入れそうな優等生だった。

私は彼らに同情していたが、見送りに行ってそんなことを言うわけにはいかない。自分と弟は中学に入っているのだから、彼らに「立派な工員になれ、希望はある」と言うのも白々しい。ではどうすべきかと考えたが、私には解答が見つからない。先生にこんな気持ちを説明するわけにもいかず、ただ「僕は行きません」と答えた。先生は私の深刻な表情に何か事情があると受け取ったのか、それ以上は言わなかった。

この年の夏休みは一カ月も宜蘭(ぎらん)国民学校に泊まり込み、のちに特攻隊基地になった飛行場の建設に従事した。滑走路を作るために田んぼの土を掘り、台車やモッコで運び、五〇人から百人でローラーを引っ張って地ならし作業もやった。まさに炎天下の重労働だ。この頃になるとさすがに、台湾笠をかぶらなければ日射病で倒れるということで、日本人指導者もついに運動帽を台湾笠にかえることを認めざるをえなかった。

ところが、身体が大きくて体力もあるはずの五年生一〇名ばかりが、全然作業場に出てこない。一体どうしたのかと話し合っているうちに、憲兵隊に拘留されているとのニュースが伝わってきた。

以前は生徒が警察に引っ張られたら、先生がもらい下げに行ったが、今度はいつまでたってもそんな動きがない。連中は日本人とけんかばかりしている危険思想の持ち主だから、先生の方が「皇民錬成」のために憲兵隊に拘留を頼んだのが真相だといううわさも流れた。

私も小さい者をいじめる大きい奴に抵抗する形でよくけんかした方だが、一番体格がいい石垣泰国君とは一年生の時の相撲のけいこで仲よくなっていた。だからこの泊まり込み作業に大きなトランクを担いで行って、駅までの行軍で落伍しそうになったとき、石垣君は自発的に「俺によこせ」といって、かわりにもってくれた。このように日本人にも親切な人がいたわけだが、当時の中学生は同級生でも支配者と被支配者の関係にあったから、対立、けんかは免れなかったのである。

この憲兵隊拘留グループの中には、戦後の台湾で国民党とも闘争して殺された者もいた。またその中の一人は大陸へ逃亡し、最初は中学五年生で日本憲兵隊に拘留されたことが高く評価され、重用されたが、やがて冷遇の憂き目を見ることになったという。

一カ月ほどでわれわれは台北に帰ったが、宜蘭飛行場の建設に動員されたのは学生だけでなく、中年の壮丁までが国民徴用令などで泊まり込みの作業に駆り出されていた。その他の飛行場や港湾などでもたえず台湾人を動員するようになった。壮丁動員を担当していた町役場のある台湾人は、「袖の下」を使う壮丁を徴用名簿から外し、彼を非難する壮丁を何回も徴用したため、戦後になって袋だたきにされ、危うく生命を失うところだった。

5　台北二中初代の河瀬校長の人気のゆえん

一九二二年創立の台北二中の初代校長河瀬半四郎は、台湾人の間でとても人気があった。先輩から後輩に語り継がれてきた痛快なエピソードも多いが、そのことを紹介する前にそうしたエピソードが生まれた時代背景について述べておこう。

一八九五年の日本軍の台湾上陸から一九〇二年までの七年間に、武力抗日で戦死、刑死した台湾人は約二万人に及ぶ。最後の平地人の武力抗日事件となった一九一五年のタパニー（西来庵(せいらいあん)）事件の死刑判決者は千名近かったが、大正天皇の即位礼で大多数が減刑された。日本の領台当初にわずか二、三〇名で決起するケースも少なくなかったのは、高山連峰の山奥に逃げ込めば日本軍の追討を免れ、同胞の支援で生活ができたからである。

しかしタパニー事件以後は、犠牲が多くて成果がない武力抵抗をやめ、政治的平等権、自治権を求める合法活動が始まった。一九一七年のロシア革命で植民地の解放と民族の独立の気運が一気に高まり、翌年一月に第一次大戦の講和に向けてウイルソン米国大統領が民族自決を唱え、一九一九年に日本統治下の朝鮮で独立をめざす三・一事件が起こったりしたことで、台湾人の政治活動も活発になったのである。

一九一八年、日本への台湾人留学生を中心として林献堂を会長に発足した啓発会は、一九二〇年に月刊『台湾青年』を創刊し、やがて新民会、台湾文化協会、台湾民衆党、台湾共産党、台湾地方自治連盟などの政治結社も生まれた。『台湾青年』はその後『台湾』『台湾民報』『台湾新民報』へと発展し、一九三〇年に日刊紙になった。

一九二一年に創立された文化協会など台湾人の諸団体は、台湾議会設置請願運動を展開し、一九二〇年から三四年までの一四年の間に、一五回も国会に請願書を提出していた。島内では台湾人を啓発し、団結を呼びかける講演会も盛んに行なわれた。

講演会は議会問題だけでなく、製糖会社など日本財閥の農産物買い上げ価格の改善、進学機会の平等なども求め、始政記念日は「死政記念日」にすぎず、記念行事をやめるべきだと主張する者もいた。こんな主張はシナ事変以降なら死刑にされかねないが、大正デモクラシー時代は、立ち会いの刑事が発言中止を命じるだけで、投獄されても二、三カ月ぐらい、一年を越えることはめったになかった。

まだ大学や高等学校はなく、専門学校も医専だけが台湾人主体だった当時の台湾で、台湾人エリートが集まる師範学校の生徒の中には、政治運動に参加する者が多かった。一九二一年の文化協会創立に参加した学生も、医専が四九名、台北師範学校は一三六名、台北第二工業学校が三一名でしばしば学生騒動を引き起こしていた。

学生騒動は二二年に台北師範学校、台北第二工業学校、台南商専で起こり、二四年に台北師範、二五年に台南師範、二六年に台北の私立台湾商工学校、二七年に台中一中でも発生した。台中一中は三六名が退学、台北師範の騒動でも一回目が一五名、二回目は三七名が退学処分になったが、彼らも投獄されることはなく、中国大陸や日本内地に渡って中学や高専に入ることができた。

台湾の総督は「土皇帝」と称されるほどの独裁権をもち、州知事も雲上人(うんじょうびと)のようにふんぞり返っていたが、大正デモクラシーは彼らにも影響を及ぼしていた。だから反日台湾人に対する弾圧も、上述の通り第二次大戦中のような厳しい拷問致死や死刑はなかった。

したがって台北師範学校や台北第二工業学校の学生騒動が起きた直後の一九二二年五月に創立された台湾人主体の台北二中は、初代校長として台湾人に人気があるかつての師範学校教師、河瀬半四郎が任命された。しかも河瀬校長の人気をさらに高めたのは、雲の上にふんぞり返っていた台北州知事だった。

日本の台湾統治の建て前と本音を一致させることはもともとできないに決まっているが、建て前としては「一視同仁」を叫ばざるをえない。だから日本人主体の台北一中でも二%ぐらいは台湾人を入れて、内台人の共学を実践していると宣伝した。逆に台湾人主体の台北二中には二〇%の日本人を入れていた。

すると一般の日本人は、台湾人主体の二中には入りたくないから、高級公務員は下級公務員に対して子弟を二中に入れるように強制することもあるが、台北州知事は自分の息子を二中に入れた。建て前としての内台共学を実践して模範をたれるためといえるが、実は息子の成績が悪いから、日本人同士の競争が激しくない二中に入れたのだ。

ところが州知事の息子は、二中の台湾人の中で学業についていけず、落第することになった。これは州知事のみならず、日本当局としても不名誉になる。そこでなんとか特別に取り計らってほしいと、州知事は河瀬校長に電話した。

しかし校長はその願いを聞き入れず、逆に「内地の中学に転校すれば個人の名誉も日本当局の名誉も救われる」とすすめたのである。毅然とした校長の態度に、州知事も結局そうするほかなかった。台湾人にとってこれは、州知事の権勢に屈服しない痛快な対応として歓迎された。河瀬校長の人気はさらに高まり、これこそ本当の一視同仁だと歓迎されたのである。

台北二中の掲示板には毎日その日の新聞が掲示されていたが、新聞に載っている皇族の写真に鉛筆で口ヒゲを加えた生徒もいた。それを不敬罪として徹底的に調査すべきだと言う教師もいたが、河瀬校長はそんなことで騒ぐ必要はないと言って抑えたから、人気はますます高まった。当時の中等学校教師はほとんど全員日本人だったが、師範学校を出て検定試験で数学の中等教員資格を取っていた台湾人林景元を、台北二中の教師にしたのも河瀬校長だった。

こんな河瀬校長が訓示をするとき、教頭の今井盛太郎は必ずメモを取っていた。だから一九三七年に今井教頭が二代目校長になった後も、二中の校風はシナ事変のために少しは変わっても大きく変わることがなかった。

6　排除されたリベラルな教師

ところが、三代目の後藤義光校長は一九四二年に私が二中に入った直後に、二中と関係のない部署から赴任してきた「外様（とざま）」だったから、河瀬校長以来の二中精神とかみあわないところが多かった。それに太平洋戦争勃発直後でもあり、「日本の台湾統治は日清戦争の講和条約に基づく合法的なもので一視同仁だ。台湾人は抗議すべきでない」と訓示したこともある。

これは初代学務部長伊沢修二の理論にほかならないが、そのとき五年生の列の後ろの方で「フン、フン」と抗議の意志表示をした者が数人いた。校長訓示が終わり、生徒が講堂から外へ出ようとしたとき、体操のM先生は五年生の後方を指さして「お前ら残れ！」と命じた。つづいて「誰だ、校長訓話中に変な声を出したのは」と恐ろしい剣幕で睥睨（へいげい）したが、誰も答えない。

ほかの先生方はかつての河瀬校長のように「そんなことで騒ぐ必要はない」と考えていたのか、

知らぬ顔で出て行った。そのうちにM先生も、二中の古参教師とはいえない自分が、一人だけこんなことにこだわるのは不自然と気づいたのか、「帰れ」と言ってけりをつけた。

こんな場合、日本人生徒が密告したら犯人はすぐに分かるが、この時は密告者は出なかった。だが二、三年前に、台湾人同級生からノートを借りた日本人が、そのノートに「何が一視同仁だ、この差別」と書いてあるのを見て密告したケースもあったから、校長訓話に抗議するのは危険なことだった。それを敢えてやったのは、やはり進学機会の差別がひどすぎて、何が一視同仁だと反発せずにいられなかったのだろう。

後藤校長は歴史の玉木登貴雄先生に対して、「服装がだらしない。戦時下の教師としてふさわしくない」と注意したこともある。ところが何回注意しても玉木先生は改めない。ついに「辞職してもらおう」ということになった。すると体操教師の加藤二郎先生が、開校以来の功労者として、新米校長に反省を求めるかのように、「玉木先生をやめさせたら私もやめる」と言い出した。しかし校長が平然として「どうぞ」と応じたため、台北二中は二人のリベラルな教師を失ってしまった。

時勢もよくない。当時は軍事教練のため陸軍将校が各中学校に配属されていたが、その配属将校が授業中に廊下を歩くことがある。生徒の座り方、姿勢が悪いと言って、音楽の授業中に生徒を叩いたこともあった。女性教師に格好いいところを見せたかったのだろうが、越権行為も甚だしい。

一年生の時か二年に上がった頃だったか、ある日私は夕方遅くまで相撲の稽古をしていた。校内にはほとんど生徒が残っていなかったが、突然「ヤアッ」という鋭い声があたりを切り裂いた。殺すか殺されるかの死にもの狂いの決闘をしている人間が、ありったけの力をふりしぼって相手に一撃を加えたかのような物凄い声だった。

相撲部の猛者どももさっと顔色を変え、いったい何が起きたのかと、お互いに顔を見合わせている。しばらくして恐る恐る土俵のわきにある講堂に近づき、窓から中をのぞいてみると、生物の長田武正先生がたった一人で銃剣術の稽古をしておられた。

尚武(しょうぶ)の国を自認し、文武両道をたっとぶ日本人は、教師が生徒に体罰を加えるのを当然のこととしていたが、台北二中には絶対に暴力をふるわない先生が、少なくとも二人はいた。その一人が長田先生だったが、日本人には珍しいその温厚な紳士的先生が、ただ一人で銃剣術の稽古をしているとは、全く思いもよらないことだった。しかし時勢は、なにしろ女性や子供までが、竹槍で〝鬼畜米英〟とわたりあう訓練をさせられるほどおかしな世の中になっていたのだ。長田先生の鋭い気合いも、こんな世の中からくる有形無形の圧力をはね返すために、必死の反撃に出たような凄惨なものにならざるをえなかったのかもしれない。

私が中学二年生に上がったときの英語教師、藤原道寿先生も暴力をふるったことがない。身体が小さかった私は教室の一番前の席に座っていたが、すぐ前の教壇に立って英語を教え説明する藤原先生の物腰、話しぶりを見ていると、「紳士という言葉があったが、こんな人を紳士というのだろうな」と敬服せずにいられなかった。

紳士を連想させる点は長田先生も同じだが、藤原先生の顔の表情には、他の人には見られない、えもいわれぬ物悲しさが漂っていた。後で分かったことだが、藤原先生は私が二中に入る直前の太平洋戦争勃発と同時に、通訳として軍部に徴用されていた。それが学校に戻されたのは、白人捕虜を紳士的に扱って軍部の逆鱗（げきりん）にふれた結果だということだった。

その体験が原因にちがいないが、その後まもなく先生は陸軍二等兵として召集され、第一線に送られて、すぐ戦死の悲報がもたらされた。

こういう先生がおられた一方、軍部にこびへつらって完全に人格を放棄したとしか言いようがない教師も出現し、災害は生徒にも及んだのである。

7　少年兵志願を強制する担任教師

台北二中の三代目校長後藤義光は、先に述べたように就任早々、二人のリベラルな教師を辞任させたが、なぜか自分自身もわずか一年で二中を去った。

四代目校長今崎秀一は、就任後まもないある日の朝会で訓話を終えた後、「今年、少年兵学校を受験するものが何人いるか、各クラス主任はこの場で報告してほしい」と要求した。軍部に対して忠誠心を示すためだったのだろう。

後で調べてみると、この一九四三年六月末までに少年兵学校を志願した台湾人の少年は、内地人七七六名に対して二一九九名もおり、前年の二一四名対三三九名と比べて一挙にはねあがっている。「皇運扶翼のために生まれ、死ぬべし」という台湾青少年団の皇民錬成が激化したことは明らかだ。その内訳を内地人・台湾人の対比で見ると、各少年兵学校の志願者は、少年飛行学校が三八四名対一一二七名、兵器学校が一三九名対四〇八名、少年戦車兵学校が一七八名対四二四名、少年通信兵学校が五〇名対一四七名、野砲兵学校が一二名対三〇名、防空学校が三名対五二名、重砲兵学校が一〇名対一一名だった。

さて、校長の命を受けて各クラス担任は「少年兵学校を受験する者、手を挙げろ」といって志願者を確認し、三名、五名と校長に報告していた。

ところがわれわれのクラス担任で英語担当のM先生は、「少年兵学校を受験しない者、手を挙げろ」といった。手を挙げたのはただ一人だ。「どうして受験しないのか」と問われて、彼は「四年生になってから海軍兵学校を受けます」と答えた。

M先生は意気揚々で胸を張り、「二年甲組四十九名」と報告した。しかも同じ二年生の他の三クラスに対しても、英語の授業時間を利用して少年兵志願を強制した。彼らのクラス担任は迷惑したにちがいないが、抗議したら本人が「非国民」にされかねず、知らぬ顔をしているほかなかった。

かくして台北二中の二年生、二百名のほぼ全員が少年兵学校を志願することになった。新荘から私と同じバスに乗って通学していた仲間数名は、バスの中で「なんといっても飛行兵がいちばん格好いい」と話し合っていたが、「バカ、飛行兵は死ぬ確率が一番高い」と二期上の先輩に怒鳴りつけられた。

当時の中学校の先輩は絶対的権威があった。その先輩に言われてみれば、たしかに子どもじみていると認めざるをえないから、私は志望を戦車兵に変えた。このほかに通信兵学校、兵器学校などいろいろあったが、私はたしかにまだ子どもだったから、戦場に出て手柄を立てるのが格好いいと考えていた。これも「皇民化」教育のせいだったろう。

しかし飛行兵に比べたら戦車兵はパッとしない。大将になるならば陸士か海兵だとも考えていた。そのうちに少年兵学校は「算術の試験で、不注意のミスが多いような答案を出せば落ちる」とのニュースが伝わってきたので、私はその通りにして見事に落第した。

結果的にはマラソンに強い台湾人が一人、本気で特技を生かすために通信兵を志願したのが合格、その他は飛行兵と兵器学校に数名ずつが合格したにすぎないが、ここでまた問題が発生した。

実は少年兵学校志願の強制で、生徒本人よりもあわてた父兄が少なくなく、中には手土産をさげてM先生の自宅を訪れ、「何とかならないでしょうか」と相談した親もいたのである。そこでM先生は、「兵器学校ならば数学、物理、化学を勉強する必要があり、第一線へ出ないでいいから安全だ」という秘策を授けたとのことだった。

その結果、二中からの兵器学校入学者が多くなったが、そのため兵器学校は〝名門〟二中生に限って優先的に合格させたのだ、といううわさも広まった。さらに加えて、親の中に、兵器学校当局に対して「うちの子はまだ小さいから入学を一年延ばしてもらえないか」と交渉し、簡単に了承された者も現れた。ところがそれを二中当局に報告したとたんに、そんなことをしたら二中の名誉にかかわるということで、その入学延期が取り消しになったのである。

この騒ぎがどうやらおさまった頃、先に述べた英語教師の藤原先生が戦死したとの悲報が伝わってきた。M先生はさっそく、われわれのクラス全員に対して、藤原先生を偲ぶ和歌を一首ずつ詠むことを命じ、出来上がったのをガリ版で印刷して、校長にも一部提出した。校長はこれをさっそく朝会で全校の教師と生徒に紹介した。むろん軍部に対するごますりである。

8 恐怖の「誠」先生

その頃の台北二中では、下校前に各クラスで「終会」というのをやることになっていた。たいていは「御民(みたみ)われ 生けるしるしあり 天地(あめつち)の栄ゆるときにあへらく思へば」と斉唱して終わりにしていたが、われわれのクラス担任のM先生は毎日三〇分くらい説教した。その重点は「誠」だった。「誠」という字は言葉が成ると書く、すなわち言われたことを成し遂げるのが誠だ、命令に服従するのが誠だと、M先生は五年生に英語授業をするときも、こんな精神訓話をやっていた。本当は自分が言ったことを成し遂げるのが誠だろうが、先生と議論する生徒はいなかった。それにしても毎日「誠」について話すネタがあるというのは、たいしたものだ。私たちはいつの間にかM先生を「誠先生」と呼ぶようになった。

誠先生はときたま説教中に「いま何を話したか、要点を言ってみろ」と求めることもあった。指名された者はむろん「誠です」と答えるが、「もっと具体的に言え」とやられたら、もう答えられる者はいない。誰もがうんざりしてまじめに聞いていなかったことは明らかだ。それでも誠先生は毎日、三〇分も誠について説教を繰り返していた。

そのうちに三年生になり、教練の時間は銃を使うようになった。初めて銃掃除をすることになった日の週番は、「本日放課後、銃掃除」という八文字を大きく黒板の端の方に書いておいた。そのわきには明治天皇御製（ぎょせい）の歌も書いてある。毎週の月曜日に新しいのに書き換えるが、その日は朝会で国漢の先生が音頭をとって全校生徒でいっせいに朗詠した。

信時潔（のぶとき）作曲の「海ゆかばみづく屍　山ゆかば草むす屍　大君のへにこそ死なめ　かへりみはせじ」も、毎朝全校生徒で斉唱した。あの自己犠牲の歌詞を、あの荘厳な曲で斉唱していると、それだけで愛国英雄になったような錯覚に陥ることもある。しかしまた、まるで集団自殺の約束をしているような感じになり、恐ろしくなることもあった。

この「海ゆかば」は毎日斉唱するから黒板に書く必要はなかったが、週番が書いた「本日放課後、銃掃除」の八文字は、明治天皇御製の三倍以上も大きかった。誠先生が放課後の終会で毎日三〇分も精神訓話をするのは、むろん軍部、軍事教官におもねるためである。だから軍事教官が指導する銃掃除があると分かれば、あのうんざりする説教もしないはずだと、週番はチエをしぼって大きな文字で書いておいたのである。

しかし、それだけでは不十分だ、口頭で誠先生に伝えるべきだと言う声も上がった。級長の楊（よう）定国（ていこく）君も賛成し、さっそく教員室へ行って誠先生に、「今日は銃掃除がありますから、終会は短めにお願いします」と申し込んだ。これは相当勇敢な行為だ。へたをするとぶんなぐられると私は懸念していたが、誠先生は「分かった」としか答えなかったそうだ。

ところが放課後、教室に入ってきた誠先生は、いきなり「誰が御製よりも大きな文字を黒板に書いた」と言って、われわれをにらみまわした。法律を犯したわけではないが、御製を侮辱した大逆罪に当たるといわんばかりだ。みんなはギョッとなった。

「皇室に危害を加え、又は加えんとしたる者は死刑」とする大逆罪で明治四三年（一九一〇年）に処刑された幸徳秋水は、一族が周りの人から白眼視され、遺児の娘は芸妓「大吉」の名で昭和の初めに台湾に売り飛ばされた。われわれ中学生は「天皇陛下」という言葉を口にするとき、あるいは耳にしたとき、必ず姿勢を正さなければ大逆罪にされかねない状態におかれていた。御製を侮辱することなどとても考えられなかった。

だから私は、誠先生の恐ろしい剣幕に度肝を抜かれ、この先生は、教え子に大逆罪の帽子をかぶせるつもりなのか、自分が何をしているのかも分からなくなるほど逆上したのかと連想して、ぞっとしたのである。

黒板に伝達事項を書くのは週番の仕事だ。クラス担任がそんなことを知らないはずはない。ノートの字と照らし合わせて筆跡鑑定をすれば、週番は絶対絶命だ。私は手に汗をにぎって成り行きに注目していた。幸いにして「誰が書いた」とみんなをにらみつけた誠先生も、「書いた者、出てこい」とは言わなかった。

続いて誠先生は、「楊定国、お前は任命された級長であって、選挙された級長ではないことを忘れるな」とも言ったが、個人責任の追及はそれだけで終わり、後はクラス全員に対する説教を長々と始めた。「御製より大きい字を書くな」というのは口実にすぎず、説教を短くしてくれというならばかえって長くしてやる、お前らが俺に絶対服従する奴隷になるまでやってみせるということだったのだ。「上官の命令は陛下の命令だ」という軍人は、陛下の名を借りて部下をいじめていたが、誠先生も御製の名を借りて生徒をいじめていたのだ。藤原先生は軍部にいじめられて戦死したが、誠先生も軍部のいじめに抗議できない欲求不満を、生徒いじめで発散させていたのかもしれない。

これは強きにへつらって弱きをいじめる弱肉強食の動物本能にほかならない。こんな動物本能を抑制するための教育を受けず、努力もしない人間をさげすみ、憎む人も多かろうが、そんな怒りを爆発させるどころか、顔色に出すことすら許されないのが当時のわれわれの立場だった。

現在の子どものいじめ問題にしても、原理は大人のいじめと変わりはないはずだ。しかるにいじめが当然視され、堂々と行なわれた戦時中の体験と子どものいじめ問題を結びつけて参考にしようという日本人がいないのは、自分自身を含む人間性の醜い面を直視するのを避けていることになろう。正視したくなくても、正視すべきことはちゃんと正視できるようにするのが、まことの「心の教育」になろうが、昔も今もまことの教育者はめったにいないようだ。

かくして誠先生の説教はかえって長引き、銃掃除を始めるのはかなり遅くなったが、軍事教官はどうしてこんなに遅くなったのかとたずねることもなく、銃掃除のやり方を教え始めた。これは一見不思議なことのように見えるが、誠先生は平素から配属将校とは別に学校の嘱託になっていたこの予備役の軍事教官に取り入って親しくつきあっており、銃掃除を口実にして説教を免れようとする生徒のたくらみについてもこの教官に話し、説教を長くすることについて了解を取っていたにちがいない。

それから一年後、われわれは三年修了と同時に「学徒出陣」した。誠先生も二等兵になって一緒に入隊したが、中隊長は前任者と交替してまもない若い配属将校で、誠先生はこの新任の配属将校とはつきあいがなかったらしく、軍隊では見るも哀れなほど小さくなっていた。

いま振り返ってみると、われわれ台湾の中学生は受験戦争で苦闘しただけでなく、誠先生に代表されるような教師たち、及びその背後にある巨大な勢力とも神経戦をしつづけていたことになろう。そして「学徒出陣」した後も、その神経戦の相手はさらに増えたのである。

Ⅳ　中学三年生の「学徒出陣」

1　違法だった中学生「召集」

沖縄が戦場化する一年前の一九四四年三月二二日、日本の大本営は台湾及び沖縄を作戦地域に指定し、「戦地」扱いにすることを決定した。一方、米軍は同じ三月、台湾攻略の計画を立てたが、同年一〇月に至って沖縄攻略に切り替えた。沖縄の方が短期間で占領できるし、本土爆撃にも有利だと判断したからだ。

大本営も沖縄は守りきれないと分かっており、「敵を台湾にひきこめばたたくチャンスはある」と天皇にも説明していた。天皇も「速やかな戦争終結の交渉」を求める近衛文麿の一九四五年二月一四日の上奏に対して、「いま一度、敵をたたいた上で交渉すべし」と語っている。

台湾軍は約二〇万。高い山々が連なる高山連峰の地勢を利用して、いたる所に地下陣地を構築し、上陸米軍をゲリラ的に迎え撃つ作戦を立てていた。

一九四五年五月、空襲による家屋延焼を防止するため、事前に一部家屋の取り壊しが決定されたとき、台北三高女の藤谷芳太郎校長は特別の取り計らいを陳情したが、若い中佐の参謀は「台北が残ると思っているのか、軍は二五年間は山岳地帯でがんばるのだぞ」という作戦を説明して

いる（台北第三高等女学校創校百年紀念誌『懐念』一九九七年四月八日発行）。

そのため台湾軍は、一九四四年七月一一日、沖縄の第三二軍をも指揮下に編入、続いて九月二二日には第十方面軍と改称し、同年末に安藤利吉軍司令官は台湾総督を兼任、台湾と沖縄の軍人及び住民を自在に動員できる体制をととのえた。

一九四五年一月一〇日、沖縄守備軍の最精鋭部隊であった第九師団を台湾に移動させたのも、台湾で決戦する作戦の一環だったと思われる。同年三月一二日に決定された学徒特設警備隊の編成も、まず二〇日、台湾で実施され、つづいて二八日、沖縄で実施された。米軍が慶良間（けらま）諸島に上陸したのはその二日前の二六日、沖縄本島に上陸したのは四月一日である。

この一九四五年三月、台北二中の生徒は四年生が繰り上げ卒業で、五年生と共に上級学校を受験して合格した者はその入学式がそのまま入隊式になった。三年から四年に上がる直前の私たちも召集されて入隊した。同期生の中には大人みたいに大きいのもいたが、私は身長一三八センチ、体重三六キロのまだ子どもの兵隊だった。その後六月末には、さらに幼い一期後輩の中学生も入隊させられた。

一九四三年以降の学徒出陣の対象は一九歳の徴兵年齢に達した者であり、少年兵学校は志願制だったから「学徒出陣」とはいわない。一九四四年一〇月一八日公布の陸軍省の兵役法施行規則改正でも、召集できるのは満一七歳以上とされていた。それなのに台湾ではわずか一四歳の中学生まで「召集」したのだから、これは明らかに違法である。
なお終戦直前の一九四五年六月二二日に義勇兵役法が制定され、一五歳以上六〇歳までの男子、一七歳以上四〇歳までの女子を国民義勇戦闘隊として召集できるとされたが、私たちの召集はそれより三カ月も前のことになる。

ところで、私たちが召集されて所属することになった台湾第一三八六三部隊重吉（しげよし）中隊の構成は、厚生省の記録を見ると、中隊長の少尉と見習士官、軍曹、兵長、上等兵が各一名、伍長が五名で合わせて一〇名の幹部の名前しか記載されておらず、兵隊も軍属もいない〃幽霊部隊〃になっている。一三八六一部隊は台北帝大と予科生、六二部隊は台北高等学校生徒で構成されていたが、これもやはり完全な記録がない。また、私たちと同じ六三部隊所属の台北四中、台北商業、台北師範などの学校別に編成された各中隊も、同様の〃幽霊部隊〃になっている。これはやはり、私たちを召集する法律とその身分に問題があったから、幽霊あつかいされたと解するほかなかろう。

一方、台北師範の本科生は満一七歳以上が多く、幹部候補生を受ける資格があったから、すぐ受験した合格者約三〇名は七月に上等兵に進級し、ちゃんと厚生省の記録に記載されている。私と同郷の李櫟庸（りそうよう）の名もあった。

私がこの厚生省の記録を最初に見たのは一九六二年であった。そのときこの問題を厚生省の係官にも説明したが、一九九六年九月に再確認に行ったときは、中隊別の名簿はなく、台湾人と日本人を別々に分けた大隊別の名簿しかなかった。台湾人の補償要求運動が起こってから、台湾人には情報公開をしなくなったのである。しかも上等兵として記録されていた前記の約三〇名が二等兵に降格されている。年齢は満一六歳半が二、三名、その他は満一七歳以上であり、昭和四年（一九二九年）、五年生まれの本物の二等兵の記録はない。

ところが台中学徒隊の名簿を見ると、昭和四年生まれが圧倒的に多く、一六歳半未満の二等兵が数百名も記録されている。基隆（きーるん）中学三年修了で一三八六六部隊に入隊した広繁喜代彦氏も、昭和四年生まれ、日台人を区別しない名簿を見たことがあり、同期生は一五〇名全員、一期後輩は九九名が六六部隊に記録されていると『久遠の調べ』（一六期生同好会誌）に書いている。

すると、六三部隊所属の台北二中、四中、商業学校、師範学校に昭和四年、五年生まれの学徒兵が一人も記録されていないのは明らかに問題があろう。

なお大正一五年（一九二六年）一一月三〇日以前生まれの学徒兵の多くは、八月一日に警備召集を解かれ、正規軍に編入されたが、それでも厚生省に記録がないとぼやく台湾人（青年師範出身）もいる。しかもこの中には、一九歳未満で正規軍に入った者もいることになり、また記録された幹部候補生合格者の中にも受験資格に満たない一七歳未満の者がいるから、当時の軍部の法律観念が曖昧だったことは否定しがたいのである。

召集令状については、大学予科の学寮に郵便で配達されたと田ノ上家久氏は回想しているが

（冊子『いくさの運命思いつつ』）、入隊当日に召集令状か志願書みたいな書類に署名させられたと回想する台北四中出身者もいる。基隆中学出身者の多くは、入隊数日前に志願を求められ、召集令状を渡されたと回想し、新竹中出身の安藤陽一氏は県知事発行の同期生の履歴証明書に次のような記載があるという。

――昭和二十年三月二十日に陸軍特別志願兵令により第二国民兵役編入、三月二十日より二十八日まで警備召集待命を命ぜられ、二十日に陸軍二等兵教育警備召集のため台湾新竹州新竹学徒特設警備第六大隊に応召。四月十五日召集解除して引き続き警備召集のため同隊に応召。同日第一補充兵役に編入。四月二十日に特設警備第五〇九大隊に編入。九月三日除隊。（安藤陽一『五十光年望遠鏡の中の台湾――新竹』近代文芸社刊、一九九五年）

これは、田ノ上氏が調べた第十方面軍の次のような記録ともだいたい一致する。

――昭和二十年一月七日―在台湾各部隊に敵戦車撃滅の肉薄攻撃の訓練の実施を命ず。（注・基隆中は入隊前の二月中に実施している）三月十二日―防衛戦力強化のため、学徒特設警備隊を編成すると共に、各特別警備隊の任務を拡充する「特設警備隊運用要領」を示す。四月十八日―左記部隊の編成完結の時を以て戦闘序列に編入―特設警備第五百三乃至第五百十七大隊66D。66師団関係は四月九日―十日に軍令陸第六三号により特設警備第五〇四大隊（一三八六一部隊）臨時編成下令。四月二〇日―編成完結、八月二十日、一等兵に進級、九月三日召集解除。（同前）

だから前述の基隆中出身の広繁喜代彦氏は、「十七歳未満の召集は国際法上も禁止されており、我々は志願の形式をとった召集だ。沖縄の学徒兵は資料が戦災で紛失しており、勤労奉仕隊として扱われている。防衛庁戦史資料室にも、十七歳未満の学徒兵の記録はない。だが私は昭和二十年八月二十日に陸軍一等兵に進級したことまで証明する山口県知事発行の証明書があるから、沖縄学徒兵も勤労奉仕隊とはちがう正式の軍人だったはずだ」と、やはり法的身分を問題にしている。

しかし吉村昭の記録小説「殉国」によれば、主人公の沖縄県立一中の生徒は三月二八日の入隊式の前日に、二五日付けの召集令が出たと知らされただけで、志願の話は出てこない。私も召集令状あるいは願書を見た覚えがなく、口頭で三月二〇日入隊を知らされたことしか覚えていない。「新竹中もそうだった」と安藤氏も言う。

ともあれ、こうして応召させられた学徒兵は約二万(うち一六歳未満は約一万五千)、当然、兵営が不足し、学徒兵はまず母校に泊まり込むことになっていた。空襲もまだたいしたことはなく、日本軍惨敗の実情も知らされていなかったから、私は別に悲壮感もなかった。

ただ入隊の時間が早朝八時と決まっていたから、私は前夜に田舎の家を出て、バスの便がいい新荘の友人の家に泊まった。すると高等学校に入ったばかりの先輩が自転車に乗って、恋人らしき女学生の家の前を行きつもどりつして、大きな声で軍歌を歌うのが聞こえてきた。

いま振り返ってみると、軍歌で恋人に別れを告げる先輩は、悲壮感に満ち満ちていただろうが、当時の私はまだ子どもだったから、兵隊ごっこに行くような気持ちに近かった。

2 入隊当夜のビンタ

戦争中の日本の軍隊は一二名で一分隊、四分隊で一小隊、三小隊で一中隊が原則だったが、かなり融通がきく。

入隊前の台北二中の三年生は一クラス五〇名で四クラス、少年兵学校に行ったのもいるが、沖縄から転校してきたのもいる。また卒業生の中には内地の上級学校に合格しても渡航できないため、われわれといっしょに入隊して分隊長になったのもいた。だから一クラスでちょうど一小隊になる。

こうして四つのクラスごとに四つの小隊がつくられ、それが束ねられて一つの中隊になった。うち一クラスは指揮班と称して雑務をやり、訓練はあまりやらない。

中隊長は配属将校の重吉(しげよし)少尉、三人の小隊長と指揮班長には師範学校出身の伍長が就いた。検定で中等教員資格をとって二中の教師になっていたのが、生徒といっしょに入隊したのである。

しかしみんな中年だから、少年兵と共に野外を駆けまわる体力はない。小隊長といっても実戦となれば足手まといにしかならないだろう。そのため訓練を担当するのは現役の伍長、兵長、上等兵が一人ずつ、どこかの部隊から派遣されてきた。

このうち現役の吉田伍長は早稲田大学出身、本来は第一小隊を指揮して全中隊をリードすべき立場にある。だが彼はこの責任を回避し、日野上等兵に第一小隊を担当させ、自分は毎日第三小隊を野外に連れ出し、適当にさぼるから、とても人気があった。

第二小隊担当の森下兵長は農業学校出身、筋骨たくましい大男で、典型的な意地悪古参兵(こさん)でもある。入隊当夜、幹部室で入隊祝いの酒盛りが始まり、やがて軍歌よりも流行歌を歌うにぎやかな歌声が聞こえてきた。われわれは武道場にワラと毛布を敷いて床を作っていたが、そのうちに分隊長クラスの先輩たちも酒の代わりにお茶を飲んで車座になって流行歌を歌い出した。

ところがそこへ、ほろ酔い機嫌の森下兵長がやってきたのである。「貴様ら、軍隊をなんと思っとる」と大喝一声、直立不動の姿勢をとった彼らに一発ずつビンタをくらわせた。あごからすくいあげるような殴り方だから、やられたのはみんな後ろの方へのけぞり、ひっくり返ってしまった。

たくましい体格でものすごい腕力、しかも憎悪がみなぎっている。これが軍隊の実態か！　兵隊ごっこに来たような軽い気持ちでいた私は、これは大変なことになったと悟らざるをえなかった。

翌日から始まった訓練でも、彼は兵隊を殴らない日はなかった。野外演習場までの往復も、速駆けを命じ、遅い者の臀部(でんぶ)を棍棒(こんぼう)で殴るのを生きがいにしていた。

戦場へ出たらタマは後ろからも飛んでくるといわれるが、われわれ学徒兵にとっても森下兵長はたしかに鬼畜米英よりも憎らしい敵にちがいなかった。安藤軍司令官は「米軍が上陸してきたとき、台湾人はどちらにつくか分からん」と懸念していたと聞くが、森下兵長についていく台湾人はいなかっただろう。

けれどもこんな古参兵がいないと、新兵や一般応召兵は上官の命令に絶対服従せず、戦場では使いものにならないと日本軍指導者は信じていたらしい。われわれの中隊長や小隊長も、森下兵長に一目おかざるをえず、教え子の中学生をかばうことはなかった。

3 教師たちも二等兵で入隊

ところで三年修了者(六月以降は二年修了者も)以上が兵隊になるというのは、五年制の旧制中学の生徒が五分の二(五分の三)も消えることになるわけだから、教師も減らしていいことになり、台北二中の教師も四人の伍長のほかに九人ばかりが、われわれと同じ二等兵になって入隊した。そのうちの六人は高等官だから、すでに相当の年輩であり、戦闘に従事する体力はありえない。教員不足だった青年学校や皇民錬成所で精神講話をするのがふさわしいが、まだ子どもみたいな学徒兵の保護者として入隊させられたのかもしれない。

軍隊の少尉、中尉、大尉も高等官だが、文人高等官と比べたら息子みたいに若いのもいる。重吉中隊長も文人高等官より若い少尉だが、現役将校の中では年輩の方だ。この人は少尉のポストを三千円で買ったとの噂もあるほどだったから、プロらしくないところもあった。二中の配属将校をしていた頃は教師たちに敬意を表し、威張ることもなかった。二等兵として入隊した教師たちも幹部室で寝起きし、ふつうの兵隊とは違う待遇を受け、最初は学徒兵の保護者のつもりで意見を述べ、かつての同僚だった中隊長を「重吉さん」と呼ぶこともあったそうだ。

師範学校出身の伍長たちもプロの軍人ではないから、元同僚の高等官二等兵の二等兵らしからぬふるまいに対して、入隊早々文句を言うことはなかった。大学出身の現役兵たる吉田伍長も、こんなだらしのない軍隊を歓迎していたが、森下兵長にとってこれはとてもがまんできないことだった。

中隊長が外出していたある日のことである。森下兵長が教師二等兵を集めて、「これから日本軍の精華を見せてやる」と叫ぶや否や、一番若い教師に猛烈なビンタをくらわせた。

われわれ中学生が勤労奉仕隊ならば、中学教師は中隊長と同格の保護者であり、兵長に殴られることはありえないが、現在の教師たちはわれわれと共に二等兵の階級章をつけさせられており、まぎれもない皇軍の一員だから、上官に当たる兵長に殴られても文句は言えないのである。

入隊前の配属将校は学徒隊を正規軍とみなさず、「日本刀などの武器をもって入隊していい」とも説明していた。田ノ上氏ら大学予科生も白線二条の制帽と日本刀をもって入隊したのが多かったという。二中の教師の中にも日本刀をさげて入隊した人がいたが、入隊後は兵長になぐられる二等兵になったから、本来は士官がさげる日本刀は無用の長物になった。

もう一人の職業軍人、日野上等兵は小学校しか出ておらず、訓練は森下兵長に見習っていた。だが軍隊の飯を一三年も食ったというから、兵隊としては若くない。毎朝の朝食前に二キロばかりの武装なしのマラソン訓練をするのも楽ではなさそうだった。

ある日のこと、先頭を走っている日野上等兵のスピードが落ちて、いかにも苦しそうに見えた。それに気づいた先頭の学徒兵は、彼と足並みをそろえるのをやめて、スピードを上げた。事前に相談したわけではないが、兵隊をいじめる上官をいじめ返してやれという共通心理が働いたのだ。後方の身体が小さいわれわれも歯をくいしばってスピードを上げた。上等兵はついに落伍して走るのをやめ、後ろの方から「道あし」と号令した。マラソンは三〇歳を越えた古参兵よりも一五、六歳の少年の方が強いに決まっている。

そこへ、ピカピカの軍服を着た将校が通りかかった。道あしで歩きながら敬礼もしないわれわれをにらみつけて、「止まれ」と命じた。「指揮者はどこだ」「後方におります」とやりあっているところへ、上等兵が追いついてきた。

「お前ら、どこの部隊だ、襦袢、袴下で町に出るとは何ごとだ」。将校は威丈高にどなりつけたが、上等兵は平然として、「早く正式の軍服が支給されるように、中尉殿にも御協力をお願い申し上げます」とやり返した。本土から来たばかりの将校は、第一線に近い台湾の実情を全然知らなかったのだ。「なにッ、制服がないのか」。バツが悪そうな顔をして彼は立ち去った。実は亜熱帯の台湾だから、制服がない方が涼しくてよけいな負担がないことも将校は分からなかったのだ。

「青二才が何を威張ってるのか」。上等兵は急にわれわれの仲間になったかのような口調で一言吐き出した。このあと、翌日からマラソン訓練はなくなり、適当にさぼるチャンスをつくってくれるようになった。

上等兵を落伍させたときの学徒兵は、日本人も台湾人も、運命共同体の仲間として団結したが、日野上等兵も偶然の事件によってわれわれの仲間みたいになった。敵味方の関係は利害関係で決まるのだ。だから当時のわれわれの当面の敵は森下兵長とその背後にある勢力であり、米軍ではなかった。

4 薬もなかった末期の日本軍

戦争中は何かと病気が発生しがちだが、学徒兵の間でも入隊早々に下痢が流行した。民間でも流行したから、陸軍病院も大学病院も薬がなくなった。

兵営での患者は入院一歩前の「入室」と称して練兵休をとれるが、三度の食事はおもゆみたいなおかゆだ。しかも入室希望者は「精神がたるんでるから病気になるんだ」と決めつけられ、幹部にまず殴られてから入室を許された。森下兵長はもとより、教師伍長や教師二等兵の中にさえも、こんな暴力をふるうのがいた。

だから私は、下痢をしても入室せず、一三食も絶食した。この期間は幸い部隊移動のための荷物の梱包で訓練がなく、一時間ごとにトイレに駆け込むことができた。絶食をしているから、少量の粘液しか出てこないが、ちょうどこの最中に衛兵勤務に当たったからたまらない。衛兵は立哨（りつしょう）、睡眠、待機が一時間ずつだから、立哨前にトイレにいけば一時間は我慢できると思ったが、そうはいかなかった。

夜中の二時頃、部隊（兵舎は前にも書いた通り台北二中である）の通用門で立哨中に便意をもよおした。任務を放棄してトイレに駆け込む時間もない。私は銃を門柱に立てかけ、門前の下水溝で用をたした。今、もし幹部が巡回にきたら半殺しにされるぞ、そう思うと全身から脂汗がふき出してきた。幸い誰にも見つからず、軍装を整えて再び銃を手にしたとき、やれやれ命拾いしたとほっとした。

戦闘帽をかぶり、銃を横にかまえて月光に照らし出された自分の影は、幼い頃に憧れた兵隊さんの姿にほかならない。しかし現実の軍隊がこんな非人間的社会だと知って、私の胸は何ともいえない思いでいっぱいになった。

田ノ上家久氏の回想録によれば、「塔寮坑」に移動してまもなく、戦友の瀬戸義範氏はアメーバ赤痢とマラリアを併発し、下痢がひどいので、「毛布を汚すともうしわけない」と言って、上半身にだけ毛布をかけて岩の上に寝ていたが、まもなく死んでしまったとのことである。今では信じがたい話だが、下痢は私も体験したから、マラリアを併発して動けなくなれば、そうするほかなかっただろう。われわれの移動先は宜蘭だったが、田ノ上氏たちの移動先「塔寮坑」は私の家から歩いて二、三〇分の所だから、私にはこの話がひとしお切なく思われる。日本軍は米国の工業生産力を考えずに戦争を始めたが、薬品の準備すら不十分だったのだ。

入営してまもない頃から、米軍による空襲がひんぱんになった。南港あたりの工場地帯が毎晩ジュウタン爆撃され、一〇キロばかり離れた台北も危険にさらされた。一方、日本軍側にはこれを迎え撃つ飛行機もなくなっていた。警報が出たら起床して防空壕に退避となるが、隊員の中には昼間の訓練で疲れはて、死んでもいいから眠りたいと言って起きない者もいた。私も全く同感だった。

しかし退避拒否で兵隊が死傷したら、幹部は責任を問われるのだ。それから約一〇年後に私は中国軍の兵隊にもなったが、部下に対する責任感は日本人の方が断然強い。だから日本軍幹部は、警報が出ると寝床を巡視し、カヤをめくって退避拒否者を見つけ次第、「横着な奴だ」と言ってぶんなぐった。これを愛のムチと称する人もいるが、上層部に責任を問われるのを恐れて部下を制裁するのだから、わが身を愛しているのが真相だろう。

私も空襲よりも制裁を免れるため退避したが、まだ空襲の被害が小さかったせいもあり、死んだら大変という恐怖心はなかった。だから運動場に穴を掘って、掘り出したその土をかぶせただけの防空壕には入らず、プールサイドに立って、はるか上空を飛ぶB24爆撃機を仰ぎ見ながら、月光に反射する機体を美しいとすら思った。

台湾語で発音すると、「B24」の2は「抑える」と同音、4は「四つ足」と同音になり、「B29」の9は「犬ころ」と同音になる。だからB24は「四つ足」の日本人を抑えつけ、B29は「犬ころ」の日本人を抑えつける意味にとれる。そういう言葉遊びをしながら、米軍の空襲の目標は日本軍であり、台湾人の被害はとばっちりにすぎないと密かに語り合う台湾人も少なくなかった。

さて、この空襲を避け、米軍上陸に備えての戦闘配置につく必要から、われわれは中央山脈の東側にある宜蘭地方の礁渓（しょうけい）という温泉町に移動する準備をしていた。前述の下痢で死ぬ思いをした衛兵勤務の翌日も荷物の梱包で、訓練はなかった。

私が荷造りをしているところへ現れたのは、日野上等兵だった。上等兵は、「林田、お前、下痢してるな。この薬を飲め。特効薬だ。青カビが生えているが洗って飲め」といって、赤い薬を三粒くれた。カビが生えた薬を飲むのは現在では狂気の沙汰になろうが、昔はよくあることだった。日野上等兵は、小学生みたいな幼い部下が絶食でますます痩せ衰えているのを見て、個人のとっておきの特効薬をくれたのだ。私は感謝感激の至りでカビを洗って飲み込んだ。するとまるで奇跡のようにすぐに治ったのである。

翌日の夕方、台北駅から数時間、汽車に乗って、真夜中に礁渓に着いた。背中にリュックサック、右肩に小銃をかつぎ、左手は固くて四角ばった荷物を提げさせられた。この正体不明の荷物はばかに重いが、持ちかえる手は残っていない。窮余の一策で左足を上げたときに膝の上に乗せると、その瞬間だけは腕の負担が少し軽くなる。しかし足を伸ばすと荷物はすべりおちて膝の骨を打つ。一歩歩くごとに一回やられるから、一〇数分かかってやっと礁渓国民学校にたどりついたときは、膝のあたりが青黒く腫れ上がっていた。

特効薬のおかげで下痢は治ったが、四日間の絶食で身体はふらふらだ。翌朝は、五日ぶりの朝食を食べながら、今日は休まなければぶっ倒れると思った。それで食後、この状況を日野上等兵に報告したら、「一週間入室して休め」と言ってくれた。精神がたるんでいるから病気になるという教育者、師範学校や大学を出た秀才よりも、ずっと思いやりがあるのだ。私は今でもあの時の感激を忘れない。

入室する者は病人だから、食事はおかゆである。当然、腹が減る。ところが何とも幸運なことに、病室として利用しているのは礁渓の町の真ん中にある大きな廟の一角だった。そして衛兵や上官もいない。ベッドを抜け出して町へ出れば、料理屋で好きなものをいくらでも食べられる。私の体力はみるみる回復した。このままいつまでも入室を続けたかったが、日野上等兵との約束を守って一週間で退室した。

5　見捨てられた関東軍

下痢は漢方薬や野生の薬草で治ることもあるが、彰化中の学徒隊では、この下痢で死者が出た。三日間も絶食した重症の台湾人を帰郷させたため、汽車に何時間も揺られて、夜中に五キロの道を五時間かかって休み休み歩き、翌朝やっと自宅にたどりついた瞬間に死んだという。特別のつてがない限り全く薬のなかったマラリアで死んだ学徒兵は、私の知る限りでは基隆中の台湾人が一人だけだが、沖縄出身兵は数え切れないほどの死者が出たという。

沖縄出身兵は、一九三八年以降、満蒙開拓青少年義勇団として満州に渡り、戦争末期に徴兵年齢に達して、現地召集で関東軍に入ったのが、沖縄戦に参加するためにまず台湾まできたが、ここで突然下船を命ぜられた。突然の下船命令は、米軍潜水艦が待ちかまえているのを発見したためだが、船は彼らの兵器と衣服を積んだまま出港して撃沈されてしまったので、彼らは着たきりすずめとなって、われわれと同じ校内に駐屯していた。

こうして台湾に取り残された沖縄出身兵は、沖縄戦に参加できなくなり、台湾軍に組み込まれたが、いわゆる〝お客様扱い〟で着替えの軍服も支給されなかった。だから夜に洗濯をして、翌朝は雨で軍服がまだ濡れていても、そのまま着るほかなかった。食糧も少量しか与えられなかった。

われわれ学徒兵の三度の飯も本来の規定量の半分ぐらいだったが、別の中隊に転属して〝お客様扱い〟を受けたときはさらに減って、三分の一ぐらいしか与えられなかった。だから沖縄出身兵の食糧事情は相当ひどかったにちがいない。山へ作業に行くと、ついでに蛇を捕まえるなど、食糧を見つけるのに血眼だった。

私が中隊当番に当たって、学校の用務員室で湯沸かしをする夕方や夜になると、沖縄出身兵たちもやってきた。階級は一等兵だが、二等兵の私に頭を下げて、「すまないがこの飯盒(はんごう)をちょっと火にかけてくれないか」と頼む。中身はイモやキャベツなどだった。

彼らはよく仲間うちで「雷神部隊は関東軍、台湾軍ではないからな」とも話し合っていた。私にとって関東軍は日本軍の最精鋭というイメージがあったから、同じ校内のどこかに威風堂々の関東軍がいるのだろうかと思っていた。まさか小学生みたいな私に頭を下げている着たきりすずめの沖縄出身兵が、その雷神部隊だとは思いもしなかったのである。

後年、日本に渡った後、日本人によくこんな話をしたが、中に一人、「僕がその雷神部隊の沖縄隊の副官だった」という人がいて、当時の秘密にされていた部隊編制についてくわしく説明してくれた。私はそのとき初めて、彼らが関東軍であり、本来の正規の台湾軍ではないわれわれ六三部隊の学徒兵も、彼らと同じ混成旅団雷神部隊に所属していたことを知った。

われわれの食糧不足は、正規の台湾軍ではなかったからだろうが、われわれは農家で栄養補給をしたり、家から食料を送ってもらったりすることもできた。しかし沖縄出身兵にはそんなチャンスはない。その上、濡れた服を着なければならないこともあったから、当然のことながら病人も多かったのである。

しかも、病気になって形ばかりの野戦病院に入院しても、薬がない上、飯はごま塩とまちがえるほど大量の米虫が混じっており、おかずは野草しかなく、塩すらなかった。長期戦に備えて蓄えた米が古くなって米虫がわいたのを、病気の兵隊に食べさせていたのだ。

戦争は無情というが、敵に対してだけではなく、味方に対しても無情なのだ。薬がないのだから、どうせ助からない病人に米虫混じりの古米を食べさせるのは当然のことと、日本軍の指導者は考えていたのだ。したがって沖縄出身兵は山の中の野戦病院でどんどん死んでいき、病院の周りには新しい墓が日ごとに増えていった。

6　慢性飢餓とヒステリー

われわれの部隊が戦闘配置の命令を受けて台北から礁渓（しょうけい）国民学校に移動したのは、四月中旬だった。ここは有名な温泉町だから、川にも湯が流れていて、毎日露天の温泉に入れる。シラミにかまれてかゆくてたまらないのが、これで治るかと思ったが、そんな薬効はなかった。

皮膚の弱い学徒兵が一人いて、シラミにかまれたところが化膿し、熱帯性潰瘍（かいよう）になっていたのもいっこうに治らない。ちょうどゲートルを巻くところにおできがいっぱいできたような状態で、訓練や作業が終わった夕方、ゲートルを解いて塩水で膿を洗い流すのが日課になっていた。本来ならば入院か帰郷休暇を許すべきであり、少なくとも練兵休を許可してゲートルを巻かないでいいようにすべきだが、すべきことをしないで、するべからざることをするのが〝末期症状〟の日本軍だった。

食糧対策も大いに問題があった。われわれが寝起きしていた教室は、裏の方が農場になっていて、小学生たちの植えたイモもある。私はときたま夜中に窓から農場に出て、手探りで芋を掘った。山脚（さんきゃく）の山の中で育ったから、こんなことは慣れていて、すぐ〝戦果〟が上がる。しかし経験がないのは〝戦果〟ゼロで引きあげてくる。思いあまった戦友の一人は、私にこうもちかけてきた。

「お前はイモを掘れ。俺はそのイモを農家に持っていって煮てもらう。俺は脱出罪になる危険性が大きいが、それでどうだ」。私は承知してイモを掘ってきた。そのイモを抱えて彼は垣根をくぐって出ていったが、ほどなく舞い戻ってきた。農家でマキがないと断わられたのだ。そこで彼はどこからかナタを探してきて、机やイスを叩き壊し、マキを作り始めた。

これはひどすぎる。それにこんなマキを抱えて外へ出るところを幹部に見つかったら、イモ泥棒とは比較にならぬ重大犯罪になる。「おい、そんなことやめろ」。私は止めたが、彼は「背に腹はかえられん」と言い、作ったマキを抱えて出ていった。なにしろ入隊以来、腹いっぱい食べた日がないのだ。陛下のため、国のため、大東亜のためというきれいごとよりも、飢えをいやすのがすべてに優先するのだ。

当時の私は身長一四〇センチ足らず、体重四〇キロ足らず、こんな小さいのが各小隊に二、三名いて、順番で中隊当番をやらされていた。それで分かったことだが、軍隊には幹部食という制度があり、十分とはいえないが幹部は学徒兵より多く食べていた。だから学徒兵ほど餓鬼になってはおらず、学徒兵の心境を十分には理解できなかっただろう。大学予科生の田ノ上氏は入隊早々で下士官勤務の炊事班長になったが、幹部食を作らなかったため、まもなくクビになったという。

みじめだったのは、われわれと一緒に入隊した先生たちも同じだった。学校では中隊長より上位にいた教師が、二等兵として入隊し、若造の現役兵に敬礼しなければならない軍隊生活を強いられているのだ。ある高等官二等兵は、幹部用トイレから出てきたところを沖縄隊の見習士官に見つけられて、「二等兵が幹部用トイレにはいるとは何事か」と、どなりつけられ、不動の姿勢で必死になって弁明していた。

自分の中隊の幹部室にいても、後から入隊してきた二〇歳前後の若い見習士官や森下兵長、だんだん威張りだしたかつての下級同僚の伍長たちを上官と仰ぎ、二等兵として気を使わねばならない。その精神的苦痛は学徒兵以上のものだったろう。そんな中でS先生は発狂寸前のヒステリー状態に追い込まれていた。

ある日の昼過ぎのことだ。外出から帰隊した見習士官が、まだ昼食をとっていないという。生物教師の二等兵で週番下士官勤務をやらされていた長田武正先生は、中隊当番の私に、「炊事班へ行ってキュウリをもらってきなさい」と命じた。長田先生は衛生班長も兼ねていたから、「山ほどあって早く食べないと腐るから」とも付け加えた。

さてその炊事班長は、ヒステリー状態でわけもなく学徒兵を殴るS先生二等兵だ。私は緊張して炊事班へ行き、班長から遠く離れた方の入口に立って、「中隊当番、キュウリをいただきに参りました」と叫んだ。「誰の命令か？」「長田週番下士官殿であります。早く食べないと腐るとのことであります」。そう答えたとたんに、S先生の目がキラッと光った。「腐ろうと腐るまいと、こっちの勝手だ。だいたいお前はそんな遠いところで何を叫んでいるんだ。こっちへこい」ということになった。

中隊長の次に偉い見習士官が昼食のおかずにするので、と言ったら、炊事班長はすぐキュウリをくれたにちがいないが、言い直すわけにいかない。私はS先生の方へ近寄るほかなかった。次の瞬間、彼は右手をふりあげて私の左頬を張りとばした。続いて左から右へ戻る手の甲が右頬に食い込んだ。これはまさに鉄拳だ。あまりの痛さに私の両眼から涙があふれ出た。

軍隊で殴られるのは慣れている。まだ子どもといっても軍服をきた兵隊だ。たいていは歯を食いしばっているだけで涙を流す兵隊は滅多にいない。だがこの時の私は、非人間的な軍隊生活に耐えかねてヒステリーになった先生に、わけもなく殴られる悲しさで、涙がとめどなくあふれ出てきた。すると炊事班長は、急にわれに返ったような表情になり、「帰れ」と命じた。泣きながら戻った私に、長田先生は「いったいどうしたのだ」とけげんそうな顔でたずねた。私はありのままを話して涙を流し続けた。長田先生は「うーむ」とうなってため息をついた。悲劇というほかないが、もっと悲惨な惨劇も生じた。

7 脱出兵に対する集団暴行

兵営になったといっても礁渓国民学校の垣根はガジュマルがまばらに生えているにすぎず、どこからでも抜け出せる。学徒兵の中でも要領がいいのはしばしば抜け出して、農家で栄養補給をしていた。ところがある夜、その栄養補給中のところへ同じ校内に駐屯している沖縄隊の見習士官がやってきた。こんな時間に農家へくるのは、むろん公用ではない。農家の美人の娘に会いに来たのだ。

美人がいる所には幹部もくる可能性が高いから、栄養補給にはそんな農家は避けるのが兵法の第一歩になろうが、これは孫子の兵法にも書いてないようで、学徒兵は大失策をやったわけだ。見習士官は脱出兵の姿を見るなり、そのままきびすを返して自転車に飛び乗って帰隊し、わが中隊の幹部に通報した。

夜中の一〇時半ぐらいだったろうか、けたたましい非常呼集のラッパが鳴り響き、作業の疲れでぐっすり眠りこんでいたわれわれはパッとはね起き、完全武装して外へ飛び出し整列した。一〇名ばかりの脱出兵もラッパの音を聞いて死にものぐるいの勢いで駆け戻ってきたが、時すでに遅く、点呼は終わっていた。

脱出兵は幹部の前に整列させられ、制裁が始まった。何人で何人を殴っているのか、夜中のことだから後方にいた私にははっきり見えない。しかし幹部たちのすさまじい怒声と異様な物音が入り交じり、まるで集団乱闘が始まったみたいだった。

殴りたいだけ殴った後、師範学校出身の第一小隊長で週番士官勤務の宮下伍長が改めて説教を始めた。「俺はこの金面山を枕に討ち死にする覚悟を決めている。貴様ら天皇陛下のために死にたくない者は出てこい。俺がこの軍刀で斬り殺してやる！」。宮下伍長は大声でわめいて、腰の軍刀を掌でたたいた。

その瞬間だ。「殺してくださあい」と応じた脱出兵がいた。

当時は人権とかいじめられっ子とかいう言葉はなかったが、あまりにも非人間的に殴られ、人権を完全に無視された悔しさに、我を忘れて抗議の意思表示をせずにいられなかったのだ。しかし、陛下の軍隊、皇軍の一員としてこんな反応をするのは前代未聞だ。豪傑気取りで狂気乱心状態の宮下伍長は本当に軍刀を抜いて斬りつけるかもしれない。また、その場で殺されなくても、軍法会議にかけられる可能性はきわめて高い。いずれにしても、宮下伍長はもう後には引けない。次の瞬間、いかなる場面が展開されるのか？

学徒兵たちはもとより幹部たちも息を呑み、呼吸を止めたかのような静寂がしばらく続いた後、宮下伍長がやっと言葉を見つけた。

「俺に殺されて、満足できるか」

「満足できません」

「それならばこうしてやろう」

そして再び、狂気の暴力が始まった。翌朝、脱出兵一〇名の顔は豚のように腫れ上がり、誰が誰なのか見分けもつかなくなっていた。

戦後生まれの人たちからみれば、この宮下伍長のふるまいは狂気の沙汰としか思えないだろうが、当時はこういう人物が英雄視されていた。そうした狂気の時代に発明された狂気の戦法の一つが「戦車肉攻」だった。

8　戦車相手の肉攻戦法

沖縄戦開始後の第十方面軍の『作戦準備並作戦記録』の第七章に、台湾軍戦法の特質として、戦車を「肉攻破壊」する戦法が挙げられている。「肉攻の主体は刺突爆薬。各部隊は小隊に至るまで肉攻手を選抜教育すると共に、部隊の大小に応じ、特定の戦車撃滅部隊を訓練準備す」との説明がついている。

「刺突爆薬」というのは「棒つき円錐弾（えんすいだん）」ともいい、六尺棒の先にくり付けた爆弾で敵の戦車を突くのである。それで戦車を破壊できるかどうかは分からないが、刺突した兵士の肉体が粉々にふっとぶことはまちがいない。だから「肉攻手」というのは、戦車相手に自爆する特攻隊にほかならない。

棒つき円錐弾を持って戦車に肉薄する者は、突っ込む前に機関砲で掃射される。だからまずタコツボを掘って身をかくし、六尺（約一・八メートル）わきを敵の戦車が通り過ぎる瞬間に、棒つき円錐弾の棒をつかんで立ち上がり横に一突きして、次の瞬間にさっとタコツボに隠れる必要がある。

だが敵の戦車がうまくタコツボのわき六尺の所を走ってくれるとは限らない。タコツボの真上を走って日本兵をひき殺す戦法もあるのだ。またタコツボから頭を出して状況を見ようとすれば、敵に見つかって頭を吹き飛ばされる。幸い、タコツボに隠れたままで戦車が六尺わきに走ってきたと気づいたとしても、その瞬間に棒突き円錐弾で戦車の横腹を突くのは容易なことではない。うまく突けたとしても、火薬が爆発した瞬間にさっとタコツボに隠れて生き延びるのは神業(わざ)であり、普通の人間にはできるはずがない。

つまり、自分の肉体もいっしょに爆破することになるから「肉攻」というのである。しかし訓練すれば動作が敏捷になって、神業に近くなるという子どもだましの論理で、日本軍はこの「戦車肉攻」の訓練を始めたのである。

この戦法は、マレー・シンガポール攻略作戦で「マレーの虎」といわれた山下奉文大将が、フィリピン戦線で苦戦しているときに考え出したものといわれる。しかし戦争の実態を知りつくした歴戦の兵士は、もう子どもだましの神話にだまされず、本気でやった者がいたという記録はない。ところが沖縄戦では、実際に爆雷を背負って戦車の下に飛び込む肉弾戦法が実行され、しかもそれには純情な学徒兵が駆り出されたという。またこのほかに「座ぶとん爆弾」というものも考案され、それを米軍の戦車の後部に乗せて戦車もろとも自爆した女学生がいたという。

台湾では基隆(きーるん)中学の生徒が入隊前からこんな訓練をやらされていたが、われわれは六一部隊の田ノ上氏がいうとおり、沖縄戦が終わりかけた六月に入ってから、こんな訓練を始めた。円錐弾を投げる訓練も少しやらされたが、これは入隊当初かあるいは六月以降かはっきり覚えていない。日野上等兵は全然やる気がなく、棒つき円錐弾を一〇数本だけ持ってきて、一分隊ごとに訓練をやらせ、残りの三分隊は座って休んでいいことにしてくれた。指導部にしても、自分で棒つき円錐弾を持って戦う覚悟はなかったはずだ。この訓練は三日坊主で打ち切りとなった。

その指導部が本気で取り組んでいた新戦法は、高山連峰の地形を利用して、全島のいたるところに地下陣地を作ることだった。その作業は一年前から始まっていたと思われるが、まだ不十分ということで、訓練よりもその作業がわれわれの主要任務になっていた。この地下陣地を作り、ゲリラ戦士になる少年兵はいくらあっても足りないということで、六月末ごろ、われわれの一期後輩の中学生たちも入隊させられた。彼らのほとんどは一五歳未満だが、沖縄戦が終わり、台湾が次の決戦場になると想定されたから、戦力総動員のために召集されたのだ。

このとき戦車兵出身の若い体操教師、黒羽義治軍曹も入隊した。本来はこんな軍歴の持ち主を先に召集すべきだが、当時の日本軍はたしかに不可解なことばかりしていた。

われわれ学徒兵は、「黒羽先生、あの森下兵長をやっつけてください」と口ぐちに頼み込んだ。同じ中学時代の先生でも、中隊長や四人の伍長にはこんなことはいえない。しかし黒羽先生にだけはそれが言えた。

森下兵長も、「黒羽軍曹殿は豪放磊落（らいらく）だ」と言ってもちあげ、学徒兵を殴るのも控えるようになった。中隊一の実力者の座を黒羽軍曹にゆずったような感じだ。

ところがまもなく、台中師範を出たばかりの若い見習士官が重吉中隊に配属されてきた。もう少し太ったら相撲とりになれそうな堂々たる体格だ。しかも黒羽軍曹よりも階級が上だから、彼が全中隊を牛耳ることになった。

彼は師範学校を出たインテリだから、戦争に勝ち目がないことは分かっていたらしいが、師範学校でたたき込まれた皇国史観をまともに受け入れているのか、国体護持のために玉砕を覚悟したような悲壮なまなざしをしていた。

着任早々、彼は各小隊の体格のいいのを選んで軽機関銃の訓練をやった。しかし彼についていけるほどの体力は学徒兵にはないから、いらだっていたのかささいなことで暴力をふるったそうだ。

軽機関銃の訓練が終わると、彼は日野上等兵に代わって、われわれ第一小隊を指揮する小隊長みたいになった。第一小隊長は中隊長が戦死したら全中隊の指揮をとることになるから、これは当然のことだった。

かくして見習士官は毎日われわれを引き連れて山に登り、地下陣地を構築するための穴を掘ったり、木を伐ったりカヤを刈ったりすることになった。山から兵営に帰る夕方は必ず楠木正行（まさつら）が四条畷（なわて）で戦死した歌をわれわれに歌わせた。正行のように二二歳で死ぬ覚悟がありありと見えるような感じだった。

日本人にとって、この悲壮な歌は戦争末期にふさわしいのだろうが、台湾人学徒兵の中には、「こんな敗戦の歌ばかり歌っていたら、もう先が長くないよ」と言うのもいた。

われわれ第一小隊の四人の分隊長の中には、前にも書いたが日本人とけんかして中学五年生の夏休みを憲兵隊で過ごした猛者がいた。見習士官はその話を聞いていたのか、ときたま彼に何か話しかけることがあった。しかしそれも一言か二言ぐらいで悲壮なまなざしに変わりはなく、実に人間味が感じられなかった。

身体が小さかった私は、山へ行って作業をするとき、麓の谷川のほとりでお湯を沸かす役を命ぜられることがしばしばあった。そんなときは誰もいない河原で自然に生えたようでもあるが、農民が植えたようでもある紅豆を摘んでシルコを作ることもできた。

ところがある日、見習士官がそこへ突然やってきて「お湯をくれ」という。大きな釜の水が沸騰するには時間がかかる。もう一つの火の上にかけた飯盒（はんごう）の中には盗んだ紅豆が入っている。私はあわててその飯盒の紅豆を谷川の水に流し、改めて水を汲んで沸かし始めた。なぜそんなことをするかと問われたら、答えようがないから、だいぶ緊張したが、彼は私が飯盒を洗っていると思ったのか、何も言わず湯が沸くのを待って黙って飲んだ。

河原には彼と私の二人しかいないから、ほかの上官なら何か声をかけてくれそうなものだが、見習士官は相変わらず悲壮なまなざしで沈黙していた。六尺棒で戦車とわたりあう訓練をやらされて、本気で玉砕を覚悟していたから、笑顔を作ることもできなくなり、無愛想になったのかもしれない。

9 軍隊でかいま見た人間模様

三カ月にわたる死闘のすえ、米軍は沖縄を制圧した。次の攻略目標として米軍の台湾上陸が必至と見られていた一九四五年六月、台湾軍は動員できるいっさいの戦力を動員することを決め、わずか一四歳の中学生まで入隊させた。台北二中出身のこの新兵の中には、多くの幹部候補生を出したため兵隊不足になった師範学校の中隊に配属されたものもいた。

しかし相当数が重吉中隊にも入ってきたから、礁渓(しょうけい)国民学校だけでは収容できなくなり、中隊の半分以上が二囲(にい)国民学校へと移動した。こうして隊員数が減ったため、部隊では衛兵も立てず、夜中に起きているのは一時間交替の不寝番一人だけになった。その不寝番が寝込んでしまって炊事班を起こさなかったため、みんなが朝食にありつけないという事件も起きた。

不寝番が炊事班を起こすのは午前四時だ。ある日、不寝番に当たっていた私は、四時少し前に炊事場に入った。空襲を恐れて明かりをつけないから、中は真っ暗だ。その暗闇の中で私は突然、まずいま自分が何をなすべきかに気がついた。とにかく何か食べられるものを見つけてポケットに突っ込むのだ。本来は明るい日中に〝敵情〟を偵察しておくべきだが、そのときの私は計画犯ではなかった。炊事場に入ってから、ふと、このチャンスを逃すバカはないと気がついたのだ。

急いであちこち手探りしていたら、煮干が手に触れた。それをポケットに詰め込みながら、口の中にも入れたが固くてなかなか呑み込めない。そのとき外の方で「不寝番、不寝番」と呼ぶ声が聞こえてきた。

口の中は煮干でいっぱいだから返事ができない。といって、せっかく口の中に入れたものを吐き出すのはもったいない。私は必死になって煮干を嚙み砕き、むりやり呑み込んだ。そのときまた「不寝番」と呼ぶ声が聞こえてきた。私は急いで外に飛び出し、「はあい」と答えた。

「不寝番、どこにいたのだ」とたずねたのは、台北二中で毎日放課後に三〇分も「誠」について説教をしていた誠先生だ。あの頃はわがもの顔で生徒の前に立っていた誠先生も、入隊後は小さくなって事務をとっているだけで、学徒兵の訓練に口を出すことはなく、まったく影が薄くなっていた。

「不寝番、どこにいたのだ」というその声も、何か心配しているようで、とがめている口調ではない。「炊事班を起こしに行くところでした」と私は答えた。誠先生は「そうだ、もう四時だ、早く起こせ」と言っただけで、私の不審な行為をとがめることもなく立ち去った。

誠先生も二等兵だが、この日は週番下士官勤務だった。不寝番が眠り込んで炊事班を起こさない事件がまた起きたら、週番下士官も責任を問われると恐れて確認にきたのだ。おそらく一週間つづけてこうしているのだろう。

それにしても、彼はどうして午前四時きっちりに起きることができるのであろうか？　個室がなく幹部全員がいっしょに寝ている部屋で目覚まし時計を使ったらどやされるに決まっている。いかなる方法でちゃんと四時に起きてきたのか、いまもってわからないが、ともあれ彼がいかに軍部を恐れ神経を使っていたか、おして知るべきだろう。入隊前のわれわれ中学生に対するあの猛々（たけだけ）しさと比べたら、何という変わりようなのか。かつては憎んでも余りある先生だったが、こうなると同情の念さえわいてくる。

誠先生はどうだったか知らないが、軍隊生活によって人生観が変わった人もいる。この礁渓に駐屯していたとき、私は中隊当番として、起床ラッパが鳴る前に幹部室を掃除することがよくあった。そんなときは、幹部がまだ熟睡しているのを確認してから、幹部用食器で一杯か二杯の砂糖を自分の部屋に持って帰ることもあった。砂糖は炊事場に置いておくとすぐ盗まれるから、幹部室に置いてあったのだ。

ところがある日、砂糖を二杯、両手に持って幹部室を出たところで、姫宮伍長がトイレに立って用をたしているのが見えた。すると向こうからもこっちの姿が見えるはずだが、ここで引き返したらかえって疑われる。私はそのまま砂糖を自分の寝室に持ち込み、食器もほったらかして幹部室に戻った。半殺しにされても仕方がないと覚悟して掃除を始めたが、姫宮伍長は「林田、今日は君が当番か」としか言わなかった。

姫宮伍長は師範学校を出て検定で台北二中の国漢教師を二、三年つとめ、入隊して指揮班長になっていた。入隊直後、学徒兵が寝ている武道場へ来て、帰ろうとしたら靴がない。みんな支給されたばかりの新しい靴だから、糸で名前を縫いつけていても、誰かがまちがえて履いていったのだ。ところが、ただそれだけのことで姫宮伍長は一時間も説教をした。だから全然人気がなかったが、その後はなぜかだんだん優しくなった。

行軍中に「林田、君は山脚の出身か」と私に話しかけてきたこともある。彼は山脚の隣村の新荘公学校に勤めたこともあったようだが、二中ではわれわれの学年を担当したことはない。私の出身地が分かるのは、指揮班長として学徒兵名簿を見たからだろう。今ならばこれをチャンスに指揮班長と仲よくして、外出外泊のチャンスをつくるところだが、当時の私にはそんな才覚はなかった。「はいそうです」と答えただけで、行軍中の私語は禁止だ、質問に答える以外に余計なことを言うのは許されないと馬鹿正直に考えていたから、話の接ぎ穂もなくなった。しかし人情味がある人だと思った。

同じ国漢教師で中島力という先生もいた。国学院大学出身の高等官だから、二中時代は末席の姫宮教諭など眼中になかっただろうが、入隊後は地位が逆転した。それでも中島先生はプライドを保ち、「姫宮班長殿、あの件は何とかなりませんか」と何か要求したことがある。姫宮先生は「みんなの要求に応じるのはとてもとても」と丁寧に答えていたが、二人とも笑顔がなかった。

中隊当番として幹部室に入ることが多い私だったが、二等兵先生が何か要求するのを見たのはこの一回きりだった。それで気がついたことだが、重吉中隊の幹部室ではかつての同僚を含めて、お互いに腹を割って笑顔で話し合うことはほとんどなかったようだ。宮下伍長が「陛下のために人を殺す」とわめき出したのも、あの異様な空気と関係があろう。

しかし同じ状況の中で逆の方向へ人間が変わっていくケースもある。だから姫宮伍長も砂糖泥棒を見逃すようになったのかもしれない。

さらにもっと大きい悟りを開いたような人もいた。彼は実戦体験を語るということで、ある日突然、重吉中隊の作業現場にやってきた。階級は見習士官で、まさに凛々しい若武者の印象だったが、壮烈な玉砕の話はしなかった。

「いいか、艦砲射撃が始まったら地震よりもすごい。隠れているタコツボがだんだん浅くなり、首が地面から出るようになったら爆風で吹っとぶ。その時は携帯円匙（えんぴ）（シャベル）で、タコツボの土をどんどん掘り出す。エンピがない者は一巻の終わりだ。だから帝国陸軍の最高の武器はエンピだ。これだけは忘れるな」

これはたしかに実地体験なくしては語れないことだが、同時にまた、ここまできてもなお戦争をやめない最高指導部に対する痛烈な批判であり、軍法会議にもかけられかねない危険な発言だった。それを覚悟の上で、事実はこうだとあえて公言するのは、悟りを開いた聖者に近い。

軍人は戦死することがあるに決まっているが、こんな死に方では文字どおり犬死だ。私は兵営からさほど遠くない海上に米国の艦隊が出現して、艦砲射撃が始まる状況を想像し、背中に冷たいものが走った。その時まで死について真剣に考えたことはなかったが、改めてみんな犬死の危機にさらされていると悟らざるをえなかった。

では、不寝番は艦砲射撃を警戒するのが任務かというと、そうではない。幹部の出現を警戒しつつ倉庫の食糧を盗む方がもっと大事だ。幹部が出現したら合図するとの約束で、仲間に食糧を盗ませて山分けにするのもいた。倉庫で盗んだ米は飯盒に入れて作業場まで持っていき、昼休みに農家で炊いてもらうことができた。

ところがある日、本物の工兵隊が作業の都合で、学徒兵の飯盒を別の場所に移そうとして、一個ずつ重さがかなりちがうのに気づいた。あけてみたら、からっぽなのもあり、飯のかわりに米を入れたのもある。からっぽなのは昼食と朝食をいっしょに食べてしまっただけのことだが、米は問題だ。

田ノ上家久氏の回想録によれば、年長の学徒兵に対しては現役の下士官も友達づきあいで、いっしょに食糧を盗むことがあったという。だから工兵隊も武士の情けで見逃してもよさそうなものだが、よけいなおせっかいをするのもいて、われわれの幹部に報告した。米を入れた飯盒の持ち主が王であることも明らかにされた。

帰隊後、王は中隊長に呼び出され、米を盗んだことを白状し、「なぐってくださあい」と叫んだ。この一言でなぐられずにすむこともあったが、このときの中隊長は「おお、なぐってやるとも！」とわめいて、竹の棒で王の頭がこぶだらけになるまでぶんなぐった。

別の日の夕食後、中隊長は軍服を脱いで廊下で夕涼みをしていた。私はその近くで中隊当番の雑役をしていたが、そこへ二囲(にい)国民学校の校長がやってきた。真っ白の八字ヒゲをはやした威厳たっぷりの表情で、「兵隊さんが来て以来、学校の机や椅子がどんどん減っています。マキにして煮炊きをしているようですが、このままでは大変なことになります。隊長さんによろしくお願いしたいのですが」と訴えた。

しかし中隊長は、「はあ、はあ」とうなずいているだけで、きびしく取り締まるとは言わない。困った校長はよも山話を始めたが、中隊長の無愛想は変わらない。校長は話を本題に戻し、よろしくお願いしますと言って引き下がるほかなかった。

同じ中隊の幹部同士でも腹を割って話し合えないのだ。外部の者に対して軍隊の実情を話すことは、中隊長としてできるはずがなく、これ以外の対応の仕方はなかったのだろう。

10 「遺書」を書く気持ち

終戦直前の七月末、学徒兵に親の顔の見納めをさせるかのように、一小隊ごとに三泊四日の休暇が許された。わが小隊は二囲（にい）から頭囲（とうい）まで一時間ばかり歩いて、午前五時の汽車に乗る予定だったが、二、三分の差で間に合わなかった。次の汽車は午後五時だ。

「兵営に戻って明日出直すか、午後五時までここで遊ぶか？」

引率の宮下伍長がみんなの顔を見まわした。われわれはいっせいに「ここで遊びます」と答えた。部隊へ戻ったら、情勢急変で外泊取り消しになりかねないほど戦況は緊迫していたのだ。

それに、遊びよりも豚や鶏、アヒルの肉、あるいは内臓料理を食べたい。頭囲には料理屋が数軒ある。店が開店すると同時に、一軒に一〇名くらいずつで押しかけた。誰もが一人で三人分ぐらいは食べるから、あっというまに品切れだ。

午後四時頃、駅の近くに草餅を売る子どもが出現した。そこにいた学徒兵一〇名ばかりがいっせいに手を出し、これもあっというまに平らげた。すると小学四年生ぐらいの売り子がしくしく泣き出した。みんな食べるのが先で、誰も代金を払っていないのだ。しかも売り子が泣くのがおかしくて、みんなにやにや笑っている。

いつも上官にいじめられている学徒兵が小学生をいじめているのだ。机を叩き壊してマキにするのもそうだが、かつてはできなかった残酷行為が兵隊になってからできるようになったのだ。幸いなことにまだ完全な良心喪失ではなかった。まもなく「かわいそうだ。代金を払おう」という声が上がり、みんないっせいに払った。

台北二中の生徒は教養がないやくざではない。全島一を誇るエリート中学生だ。それでも兵隊になればやくざみたいなことをする。故郷の同胞に対してすらかくの如し、戦場に出て異民族を残酷に扱わない軍人がどれだけいるだろうか。

午後五時の汽車には別の中隊も乗っていて超満員、八堵（はっと）駅で乗り換えるときなかなか下車できない。窓から下車するものが相次いだ。私もそうしたが、帯剣が何かに引っかかり、鞘（さや）からすべり出してホームと車体の間に落ちてしまった。

帯剣は明治一八年製の一八式という古いもので、日清戦争、日露戦争の白兵戦で折れたのをたたき直した代物（しろもの）、長さもまちまちで鞘にもぴったりあっていないからだ。こんな時はまず駅員に連絡するのが先だが、私はそうしなかった。「兵器は陛下からのあずかり物、それを落とすとは何ごとか！」ということで半殺しにされたものが何人もいたのを知っていたからだ。近くにいた戦友も「早く拾え」と言うだけだ。

私はホームに腹ばいになり、下半身を戦友に抑えてもらって、上半身をホームと車体の間に入れて剣を拾おうとしたが、あたりはすでに真っ暗だからなかなか見つからない。指を熊手のようにして石ころをひっかきながら、「ああ、このまま汽車が発車したら人生も終わりだ」と考えていた。やっと拾い上げた瞬間、汽車はピーッと汽笛を鳴らしてゴトリと動き出した。間一髪の命拾いだった。

台北駅に着き、駅から四時間歩いて家へ着いたのは夜明け、飯をくって一日中寝た。翌日も眠い。裏山の家から僅か三〇メートルほどの所に構築中だった地下陣地に見にいかなかった。上官に敬礼したくなかったからだ。二日間を寝て過ごし、三日目には早くも帰隊のため家を出て、午後二時ごろ山脚から台北駅まで軍隊のトラックに便乗させてもらった。

空は清く晴れわたり、真っ白い雲がゆうゆうと浮かんで、観音山の青さを引き立てている。台北橋に着くまで約二〇分間、私はずうっと観音山を見つめていた。それはまさに見納めという気持ちだった。もう二度とこの故郷の山を見ることがないかもしれない。こんな若さで死ぬかもしれないと思うと、涙が出てきそうになった。入隊するときはまったく悲壮感がない無邪気な子どもだったが、わずか四カ月の軍隊生活で、憂うつな大人になってしまったのだ。

帰隊後、「見納め」もすんだということで、遺書を書いて頭髪や爪と共に提出せよと命ぜられた。私はたしかに精神的に大人になっていた。「陛下のため、国のために喜んで死んでいきます。先立つ不孝をお許しください」と、心にもないことをすらすらと書くことができた。ところが周囲を見ると、いまだに典型的遺書の書き方を知らないのか、あるいは検閲があると知りつつも本音を書き込みたいのか、沈痛な面もちで鉛筆を握りしめ、沈思長考している戦友も少なくなかった。

11　重機関銃と〝格闘〟する

重吉(しげよし)中隊に遺書を提出した直後、私を含めた二二名が別の中隊に転属を命ぜられ、迎えに来た伍長一人と学徒兵一人に引き渡された。二囲(にい)から羅東(らとう)まで一〇数キロの道を、歩いていったのか、何か乗り物に乗ったのか記憶がない。

羅東から先は太平山森林鉄道の汽車に乗った。それが途中で動かなくなり、下車して線路伝いに徒歩で山を登ることになった。中央山脈の一端だから台北周辺の山よりもずっと山奥に入った感じだ。鉄橋がいくつもあって、その下を流れる渓谷は目がくらむほど深く、清らかな急流があちこちで岩頭に激突し、真っ白い水しぶきをあげている。

生まれて初めて見る大自然の美しさに目をみはる思いだが、ゆっくり観賞しているゆとりはない。こんな山奥に陣地を構えるのは、平地がほとんど米軍に占領されることを想定しているのだ。私は改めて情勢の厳しさを確認せざるをえなかった。

鉄橋を渡るときは枕木を一本ずつ踏みしめていくが、枕木と枕木の間隔が子どもの足には広すぎる。一歩踏みまちがえたら奈落の底まで落ちていくのだ。ただでさえ危険きわまりないのに、実家を出てくるときに持ってきた重い食糧をリュックにぎゅう詰めにして背中にかついでいるから、足元はますます不安定だ。

まさに命がけの鉄橋渡りを繰り返しつつ、「一体どこまで苦労させられるんだ」と、私は思わず抗議調の声を上げた。「ほんとうになあ」と相づちを打つ声もあったが、「がまんしろ、ぶつぶつ言ってあの伍長に聞こえたら、ただではすまんぞ」と注意する声もあった。その一言でみんな沈黙し、せっかくの大自然の美しさをほめたたえる声もなく、まるで野辺送りの行列のように、黙々と一本ずつ枕木を踏みしめていった。

夕ぐれまでかかってたどりついたのは、牛闘（ぎゅうとう）という所。線路のわきに原住民相手の商売をする台湾人のカヤぶきの家が一軒建っていた。周りに散在しているはずの原住民の住居や各中隊の兵舎は全然見えない。ジャングルの真ん中なのだ。伍長はさらに山道を登り、小さな小屋の前で立ち止まって、ここが諸君の城になると教えてくれた。

小屋の中にはホッチキス式重機関銃が二丁、黒い光を放っていた。銃身と脚が三〇キロずつ、合わせて六〇キロの重量はわれわれの体重よりもはるかに重い。本来は年長の体格のいいのがかついでいたが、彼らはほとんど幹部候補生に合格したから、重吉中隊の兵隊を借りることになったのだ。ところが重吉中隊は、私みたいに小さい兵隊を選んで貸すことにした。中に二、三人いた大きいのは反日思想が強いとみられていたからだ。

重機一丁は一分隊一二名で操作する。第一分隊に入った私の分隊長は森という日本人、第二分隊長は台湾人の何金輝（かきんき）、われわれを引率してきた台湾人学徒兵の廖名雁（りょうめいがん）とともに三人とも師範学校七年生で、私の兄と同期生でもある。

彼らは下士官止まりになることもある幹部候補生を受験せず、必ず将校になれる特幹を受験する直前とのことで、上官も彼らに一目置いていた。小隊長は師範学校を出て師範学校で農業を教えていた池下伍長、訓練担当は関東軍からきた現役の熊滝伍長だ。

重機の運び方はY字型の脚の上に銃身をのせて三人で運ぶ三人搬走と、後ろの方にもう一人増やす四人搬走があり、ほかに分解搬走もある。脚は直径数センチの丸い鉄棒で、三人で手にさげて走る形になるが、銃身と合わせて六〇キロもあるから、私は、一人で後ろの方を持たされたら、しっかり握っているつもりでもするりと抜けて落ちてしまう。すると、陛下の兵器を落とした大罪に問われかねないから、転んで手を放すような形にする必要がある。ところが前方の二人はどんどん走っていくから、へたに転ぶと引きずられてけがをする恐れもあり、タイミングよく手を放すのも訓練を要する。

分解搬走は脚と銃身を別々にして肩に乗せて走る。丸みのある脚はまだいいが、四角ばった銃身を肩に乗せると、私は何歩も走らないうちにつぶされそうになって「交替!」と叫ぶ。交替者は私のわきにきて二人とも立ち止まり、別の二人が前後から銃身を持ち上げ、私の肩から彼の肩に移す。ところが彼もすぐ「交替!」と叫ぶから、いつも四人が立ち止まってもたもたしている。大人は一気に五〇メートルぐらい突っ走るだろうが、われわれは一〇メートルも走れないのだ。

実戦でこんなことをしていたら、敵の標的になり、あっというまに戦死だろう。したがって重機関銃を子どもにかつがせるのは重機を捨てるにひとしいが、これが日本軍の末期現象だったのである。教官の熊滝伍長もあきらめているのか、ムチをふりふり「走れ、走れ!」と叫びはするが、そのムチで学徒兵をなぐることはなかった。

それでも訓練を始めてまもなくすると、軍服は夕立にやられたかのように、汗でずぶぬれだ。休憩を許されたとき、「林田、お前、財布を落としたぞ」と言い、父からもらった百円入りの財布を私の目の前に突き出した戦友がいた。私本人は大事な財布を落としても気がつかないほど、無我夢中で走っていたのだ。

12　表裏背反を強いられた台湾人

寝る子はよく育つと言われるとおり、子どもは大人よりもよけい眠る必要がある。しかも昼間は体重より重い重機関銃をかついで走りまわるから、眠るべき夜中の不寝番に立つのは実に辛い。それなのに機関銃小隊の独立小屋に配置された後は、小隊長、分隊長を除く学徒兵二一名で順番に立つことになったから、三日に一度は当たることになった。

あまりにも眠いから一時間の不寝番を五分でも一〇分でも短縮しようとして、中には一つしかない腕時計の針を勝手に回す者もいた。だから六時に「起床」の声がかかっても、空はまだ満天の星、本当は何時ごろか分からないと大騒ぎになったこともある。

これではかえってみんなの睡眠不足がひどくなる、時計の針を回すのは絶対にやめようと紳士協定を結んで何とか解決した。それでも睡眠不足と食糧不足は、重吉中隊にいたときよりはるかにひどい状態がつづいた。

われわれが寝ている小屋は原住民から借りたもので、元の持ち主は庭にイモを植えていた。すでに収穫した後だが、真夏のイモのツルと葉っぱはどんどん伸びるから、不寝番はそれを摘んでは料理して、いささか飢えをいやすことができた。火をつけるマッチは配給制で入手困難だったが、山の中だからマキはいくらでもあり、たえず飯盒(はんごう)を火にかけてお湯を沸かしているから、火種は切らしたことがなく、これだけは重宝した。

そうしたある夜、大川と改姓名していた学徒兵は、飯盒でイモの葉を料理した後、次の不寝番の手足を引っ張って「ご馳走するから早く起きろ」とささやいた。そして庭に出てみんなの飯盒を並べてある飯台に座って自分の分を食べ始めた。ところが次の不寝番はうんうんといいながらまた眠ってしまい、代わりに小隊長が起きてきた。

小隊長は暗闇の中で大川の様子をうかがう恰好をしながら、裏のトイレへいってセキをした。「しまった、起きてきたのは小隊長か!」大川はあわてて飯盒の中身を遠くの方へ放り投げた。そのとき大川が座っていた飯台が大きく揺れたので、上に並べてあるみんなの飯盒が、ガラガラとにぎやかな音を立てて下に落ちた。

トイレから戻ってきた小隊長は、「不寝番、何を食べているのか?」と詰問した。「南京豆(ピーナツ)です」と大川はうそをついた。イモの葉といえども盗品だから、正直に言えないのだ。「そうか、不寝番の最中に物を食うな」と言っただけで、やはり眠たそうな小隊長は小屋の中に入っていった。翌朝起床して谷川で顔を洗いながら、大川は事件を報告してみんなを大笑いさせた。

朝食が始まったとき、小隊長が「大川」と呼んだ。誰もがハッとしたが、小隊長はひと呼吸おいて「南京豆はまだあるか」とたずねた。もともとないのだから、大川は「もうありません」と答えるほかなかった。「そうか」小隊長は残念そうな表情をした。実は南京豆でもイモでも、原住民や原住民相手の商売をしている台湾人から買おうと思えばすぐ買える。ところが小隊長はそれを禁止していたから、こんなことになるのだ。

牛闘の原住民はまだ焼畑農耕をやっており、その焼き方を私も実地に見るチャンスに恵まれた。肥料なしでも南京豆やイモが育つ土地も少なくなかった。いわば無主の土地だから、日本軍も自分で食糧を生産しようと思えばすぐにできたはずだ。ところが台湾軍の指導者は、そんなことをしたら軍の威厳が損なわれるとして禁止していた。長期戦に備えて兵隊の食糧を制限しているのに、兵隊自身が食糧を生産するのは恥さらしだと考える、この融通のきかなさが大敗戦を招き、かえって大きな恥をさらしたといえよう。

これは民族学の研究対象になるが、同じ学徒兵でも、台湾人が多い二中生と、日本人が圧倒的に多い師範生は生活の仕方に大きな相違があった。たとえば重吉中隊の分隊長は二中の二期先輩の台湾人ばかりだったが、彼らは衣服の洗濯などの私事で分隊員を使うことはほとんどなかった。食事にしても、飯あげ（飯の分配）が終われば各自が自分の食器を持っていくだけで、分隊長の分まで運ぶ兵隊はいなかった（幹部は幹部室にいて中隊当番が世話した）。

ところが重機小隊では、森分隊長はまず寝食を共にする小隊長の分を運ぶ。第二分隊長は熊滝伍長の分を運ぶ。そのとき兵隊は分隊長の分を分隊長の座席に運ぶのが日本的だが、二中出身兵は二中式に自分の分を持っていくだけだった。日本的にやったらごますりと見なされるのである。

森分隊長は飯あげ当番に対して「まず小隊長殿に多く、次に分隊長にも少し多めに」と指示したこともある。これも日本的常識だが、「ただでさえ少ない飯だ、よくそんなことが言える」と二中生は反発した。だから幹部に多く食われる腹いせに、飯あげ当番は、曲がりくねった山道を通って小隊に帰る途中で腹いっぱい食べることにしていた。

私は兄が師範学校にいたから、この相違がよく分かっていて、ある日これを話題にしてみた。すると、「分隊長は君の兄貴の友達だから、話は別だ」ということになった。孔子は「他人の祖先(鬼)をまつるのはへつらいだ」とのたもうていたが、兄の友人に敬意を表するのはへつらいではないという論理なのである。

それ以来、私は自分の飯よりも森分隊長の飯を先に運ぶことにしたが、彼は「手拭いを一本洗ってくれないか」ともいう。二中生の中にも本当に日本的にやれるのがいるかどうか、試してみるつもりらしい。私は腹の中で嫌なことだと考えながらも、嫌な顔を見せずに彼の手拭いを洗った。戦後になって「台湾人はみんな表裏背反だ」という日本人は少なくないが、これは当然のことだろう。

それ以来、分隊長は私を特別に扱い、小隊長とも組んでときたまさぼるチャンスをつくってくれるようになった。こんなへつらいの東洋文化の効果は自慢にならないが、台湾笠を取りにいくとの口実で、私を誘って彼の親戚を訪れたこともある。

その親戚は数キロ離れた原住民の小学校の校長の奥さんだった。イモをご馳走してくれながら、「広島に恐ろしい爆弾が落ちたそうだが、大変なことになるんじゃない?」と言い出した。私を日本人と取り違えたのか、台湾人には決して見せない敗戦への恐怖を口にしたのだ。日本人自身も表裏背反があるのだ。森分隊長も台湾人相手のように必勝の信念を説くことはせず、いっしょに心配していた。

歴代の台湾総督は恩威並行を強調し、在台日本人は台湾人の前で威厳を保つことを求められていたから、それは台湾人差別の正当化にもなっていた。だから日本本土から来たばかりの日本人の方が台湾人を差別せず、平等につきあう傾向もあった。森分隊長も師範学校に入るまでは日本にいたから、差別をしない方にはいるかもしれない。

もちろん、いじめや差別については、教養や人格による個人差も大きい。藤岡明義氏の『敗残の記』(中公文庫)によると、敗戦後の捕虜収容所時代、日本兵が士官従兵を嫌ってやらなくなった中で、U海軍上曹は、黙々と彼の従兵を続けていた台湾人志願兵Hを、「このシナ人め」と言って殴っていたという。ところが逆に、陸軍のD軍曹は、そのU上曹に対して抗議し、説教をしたとのことである。

13　八月一五日の台湾兵

一九四五年八月一五日正午の「玉音放送」は、台湾でも多くの人が聞いたが、山奥の牛闘の大隊本部では玉音放送を聞くために周辺に散居している各中小隊の幹部を集めることはしていない。

その夜の一二時ごろ、私は竹槍を持って不寝番に立っていた。兵営や学校とちがって山小屋の周りには垣根がない。真っ暗な山の中から変な動物、怪物が飛び出してくる恐れがある。また原住民が何をするかも分からないから、周りの物音には注意していた。

それでも眠くてたまらないと思っていたとき、石ころだらけの河原を誰かが歩いてくる気配を感じた。私は緊張したがさほど恐怖心はない。すでに一人前の軍人になっていたのだ。竹槍を横に構え、近づいてくる二人の男に向かって、「誰か」と誰何（すいか）した。「大隊本部連絡、小隊長殿を起こしていただきたい」と相手は答えた。

起きてきた小隊長に対して二人は何かひそひそと伝えて、まもなく立ち去った。小隊長は「びっくりさせないように全員を起こせ」と私に命じた。これは非常呼集だ。本来ならば大声で「非常呼集、全員起床、早くせんか、ぐずぐずするな」とどなるのが普通だ。「びっくりさせないように起こせ」というのは前例がない。

いったいどんな重大事態が発生したのか、私はそう考えながら小屋の中に入り、目の前に突き出されている戦友たちの足を引っ張って一人ずつ起こした。不審顔で起きてきた戦友たちは、小隊長が「びっくりさせないように」と言ったと聞いて、逆にびっくりしている。入隊以来、こんな思いやりのある言葉をかけられたことがないからだ。

「台湾人が反乱を起こしたんだ。いざというときは逃げるんだ。軍服を二着とも着ていくんだ」と大川こと陳賓国（ちんひんこく）君は言う。彼は身体が大きいのに別中隊に転属させられた少数者の一人だ。やはり反日思想が強いとにらまれていたのだ。しかし軍服を二枚も重ねて着たら暑くてたまらないし、幹部に気づかれたらただではすまないだろう。断固として二枚を重ねて着たのは陳君だけだった。

その後、小隊長に引率されてわれわれが行ったのは大隊本部だった。そこでわれわれは小銃を渡され、弾薬庫警備を命ぜられた。ところが突然の重大ニュースに気が動転したのか、小隊長は暗闇の中で弾薬庫が見つけられない。

本来は原住民しか住んでいない山奥だ。転属してきてわずか半月のわれわれも、弾薬庫は見たことがない。小隊長はわれわれを座らせておいて、一人であちこち駆け回り、かなり時間がたってからやっと見つけることができた。

夜が明けてから、よく観察してみると、弾薬庫は山腹をくりぬいて構築され、入口のコンクリートも草に蔽われている。私は草の伸び方からみて、これは半年以上も前に作られたものと判断した。飛行場建設とちがって、当初の地下陣地の構築は秘密にしていたのだ。台北近郊でそれが公然と大々的に始まったのは、われわれが入隊した後のことだった。

弾薬庫の警備兵が立つところには、低い石垣みたいなものが造ってあって、座り込むと頭だけが草むらの上に出る。遠くから見れば立っているのか座っているのか分からないから、私はときたま座ってさぼることにした。すでに「要領を尽くすを本分とする」軍人精神を体得していたのだ。

頭の上の空ではなく、目の下の谷間をトビが飛び交う姿も初めて見た。私は立哨(りっしょう)中もその生態を観察することで、めったにない楽しい時間を過ごした。

分隊長以上の幹部は大隊本部に行ったままなかなか帰ってこない。弾薬庫を警備しているのは台湾人二二名だけだ。陳君が言うとおり台湾人が反乱を起こしたのだとしたら、原住民を巻き込んで弾薬庫を襲う可能性も大きい。こんな異常事態の下で台湾兵に弾薬庫の警備を委ねた大隊長はよほど気が動転していたのだろうか？　安藤司令官は「米軍が上陸したら台湾人はどっちにつくか分からん」と懸念していたが、台湾兵を直接指揮している幹部たちにはそんな懸念がないのだろうか？　台湾兵の表裏背反の絶対服従を本物の忠誠心と取り違え、絶対に反乱しないと信じきっていたのだろうか——？

大隊本部まで行ってきた飯あげ当番は、「日本が降伏したらしい。大隊長が拳銃を磨きながら涙を流していたそうだ」と報告した。しかしそれを聞いても、みんな半信半疑だ。何かにつけて玉砕の覚悟を強調されていたから、日本軍が勝つと思っている者はいなかったが、突然玉砕をやめて降伏するというのも、にわかには信じられなかった。

その日の夕方、交代の警備兵が来たので、われわれは谷川で水浴びをした。その後、熊滝伍長は「二列横隊整列」を命じた。訓練とちがってこんな時は先に服を着た者から順に並ぶ。伍長は「お前らはもう日本人が嫌になったか？」と言ってみんなの顔を見まわした。

この一言で、初めて正式に日本の降伏を知らされたのだ。すぐ答えられる者はいなかった。伍長は前列の先頭にいる陳君の方を見て「大川、どうだ」とたずねたが、大川は沈黙を守っている。「林田、どうだ」。二番目に並んでいた私も黙っていることにした。三人目は「残念であります」と答え、以下全員がこれに習った。

ひとわたり終わって、伍長はまた「大川、どうだ」とたずねた。大川は自分がいかに残念であるかを証明するための作文を、長々とやりだした。〈こうなると、俺も何か大川とは別のことを言わねばならんな〉私は大いに緊張したが、何とか切り抜けた。

伍長も、自分がいかに残念であるかを、しんみりとした口調で語り出した。表裏背反の台湾人の口先だけの残念をまともに受け取り、同憂の士に語りかけるかのようだ。ではわれわれの本音はどうかというと、まず地獄みたいな軍隊生活が終わることにほっとした。本当に戦闘が始まったら逃げるだけのことだと周りの大人や年長学徒兵は言っていたが、逃亡罪で殺されはしないかと懸念する必要がなくなった点でもほっとした。

しかし、このあと社会がどう変わるか分からない不安、捕虜にされないかという不安もあった。また、米軍よりも中国軍が来たら、同族として大事にしてくれるのではないかとも考えていた。

翌日、われわれは山を少し下りて、かなりの台湾人が住んでいる村の治安警備に当たることになった。台湾人が日本人を襲撃した場合、同じ台湾人のわれわれはどうすべきかと思うと、これも複雑怪奇な任務になるが、そんな気配は全くなかった。若者がほとんど軍人軍属にとられていたせいかもしれないが、いっさいは時間が解決する、あわてることはないと、ゆっくり構えるのが台湾人の生活の知恵になっていたのだ。

われわれ学徒兵も、時間が解決するまではしばし思考を停止して、いくらでも食べられることになった白米の飯を思う存分食べるだけだった。なにしろこれは入隊以来初めてのことだ。私は食べ過ぎて、昼食後は小学生の机を並べてその上に横になり、腹をさすっていた。なんだか恥ずかしかったが、気がつくとみんな同じことをしていた。そして「食べ過ぎた。腹をこわしたら大変だから注意しよう」と、お互いに忠告しあった。ところが台湾軍は降伏しないとのニュースも入り、事実、翌日からまた数日間訓練をやらされた。

14 負けた腹いせに暴力をふるう日本兵

のちに知ったことだが、天皇の「玉音」が放送された翌日、台湾軍司令官は次の諭告を発した。

――「もし敵にしてわが国体護持に反するが如き行動あらば、われ一兵に至るまで戦わん」

天皇はポツダム宣言を受諾して降伏を受け入れたのだから、これは明らかに天皇の命令に従わない「抗命」だ。

岡大隊長は「台湾軍二〇万は無傷だ、敵と一戦も交えずして降伏することはできぬ、最後の一兵に至るまで戦う」という徹底抗戦の覚悟を強調したが、治安警備に出動していたわれわれは、この演説を直接聞いていない。

命をかけて護持する「国体」というのは、「万世一系の天皇が統治する日本国の政治体制」にほかならない。「国体の本義」を刊行し、国体明徴(めいちょう)運動を始めたのは、私が公学校に入った頃の文部省であり、台湾での推進の主役は師範学校出身の教師たちだった。そして今や台湾軍司令部が国体護持のために命を捧げよと国民に求めているのだ。

だが当時の台北高等学校や大学予科、基隆中学などから入隊した日本人の回想録を見ると、国体護持に命をかける覚悟があったという者は一人もいない。一四、五歳の少年兵は「軍隊生活の苦痛が終わると考えてほっとした」と回想している者が多く、台湾人とあまり変わりがない。しかし国民学校では、日本人教師とともに泣いた台湾人生徒もかなりいたそうだ。

もし本当に最後の一兵まで戦ったら、かえって天皇が統治する「国体」もなくなるのだから、日本軍の論理は始めから矛盾だらけだったのである。本音は自分の特権を守るために、天皇を利用する人も多かったのだ。

それでも師範学校の生徒は「国体の本義」を小学生に教えるため、自分自身がそれを勉強し、正論として信じている者が多かった。入隊早々に幹部候補生を志願したものもほかの学校よりは多い。大隊長も彼らに大いに期待していたのか、彼らに毒ガス作戦の訓練をやらせることにした。最後の一兵まで戦うときは毒ガスも使うというわけだ。いま振り返ってみると、米軍が台湾に上陸していたら、毒ガス戦で非戦闘員が何万人も死んだかも知れないわけで、考えただけでぞっとする。

台湾の真夏の炎天下で防毒マスクとゴム長靴、ゴム手袋をつけて毒ガス作戦の訓練を受けた者は、全身から吹き出した汗が軍服では吸収しきれず、長靴にたまって外にあふれたという。それでも昏倒しなかったのは、若さがものをいったのだろう。

形だけの小隊長になっている師範出の伍長たちも、小隊長みずから陣頭に立つべしとされたが、中年男が陣頭に立てば若者の足手まといにしかならないことはすぐに証明された。彼らを軍隊に入れる戦争指導者の愚かさも証明されたことになろう。われわれの小隊長である池下伍長も一応は陣頭に立ったが、速駆けはできない。ゆっくりの駆け足ですら青息吐息、休憩の時間と回数を増やさざるをえなかった。この重労働にひとしい肉体的苦痛で、目付きまでおかしくなってしまった。

幸いにして数日後、「台湾軍も聖旨に添うて戦争を止める」ことになり、小隊長はわれわれに終戦の詔書を配布し、「明日の夜の点呼までに暗誦せよ」と命じた。訓練をやめたから、学徒兵にとってこれは朝飯前のことだ。翌日の夕食後の点呼で暗誦中にとちったのは一人だけ、それもすぐ正確に言い直した。

ところが小隊長は、「貴様、ふまじめだ」と彼を怒鳴りつけ、ビンタを張り、足払いをかけて倒そうとした。しかしわれわれの中で三番目ぐらいに体格がいい彼は、殴られるときも不動の姿勢を崩さない習性で、倒れないように足をふんばっているからなかなか倒れない。小隊長は改めてビンタを張り、またも足払いをかけた。

同じことが何回も繰り返され、自分が倒れない限り結末がつかないと気づいた学徒兵は、けがをしないように自発的に両手を前について倒れた。その背中と横腹を、小隊長はメチャクチャに蹴飛ばした。

翌日の点呼でも、一番体格のいい学徒兵・陳平(ちんへい)が、目付きが悪いとの理由でビンタを張られた。昨日うまくいかなかった足払いをかけないかわりに、ビンタは猛烈だった。

戦争に負けて重労働みたいな陣頭指揮をやらされた腹いせに、学徒兵に暴力をふるっているのだ。足払いで人を倒したいのは、征服欲、支配欲だ。被支配者は支配者に対する怒りを顔色に出すことも許されないが、その支配者が支配権をさらに拡大しようとして戦争に負けたとなれば、話はちがってくる。

米軍に負けた腹いせに台湾人をなぐる小隊長に怒りを覚えない学徒兵はいなかった。支配権がぐらついているのに、まだそんなことをするのかという怒りも顔色に出てきた。それを隠す必要もなくなったという気持ちもあった。

点呼の後、「陳平は目付きが悪いのではなくて、目が悪いのだ」と、みんなに聞こえるような声で言った者がいた。「そうだ。目が悪いから目付きが悪くなるのは仕方がないんだ」と応じる声も上がった。

日本人に暴力をふるわれた台湾人のために、仲間がこんな弁護をするのは前例がないことだ。日本人の森分隊長はこの空気を放置できないと考えたのか、小隊長の方に近づいて、「小隊長殿、陣平は目が悪いから目付きが悪く見えるのです」とわれわれにも聞こえるような声で説明した。師範学校出身の小隊長は自分の非を認めて謝まるほどの教養はなかったが、それ以来暴力はふるわなくなった。

15 人権無視の温床だった師範学校

八月末、われわれは一等兵に進級して復員することになった。最後の夜は「お別れ会」のご馳走が山のように出た。「長年、台湾語の使用を禁止されてきたが、今日は日本人の面前で台湾語の歌を歌おうじゃないか」、われわれはそう話し合っていたが、いざとなると台湾語の歌を歌える者は一人もいなかった。これは「皇民化」教育の波をもろにかぶった世代の悲劇にほかならない。

目付きが悪いためになぐられた学徒兵は、歌を歌えなくても、台湾語を使ってみせるといって、膏薬(こうやく)売りの客寄せの文句を唱え出した。それもほんの少ししか覚えていないが、同じ文句を繰り返していた。森分隊長は苦笑いし、池下小隊長は悔しそうな顔をしていた。熊滝伍長は寂しそうだった。

翌朝もご馳走がいっぱい、飯は一桶（おけ）も残っていた。かつて「飯あげは小隊長、分隊長に多めに」と指示していた森分隊長は、軍隊に残った方が早く帰国できると考えて除隊しない。そこで食べきれなかったご飯を指さして、「森分隊長殿、これを腹いっぱい食べてください」とあいさつした者もいた。食べ物の恨みはやはり恐いのだ。しかし、同じ師範学校本科生で分隊長だった何金輝（かきんき）、廖名雁（りょうめいがん）は台湾式に二中生をあつかったから、才徳兼備と尊敬されていた。

いよいよ下山の森林鉄道に乗り込んだとき、岡大隊の一将校は同席の伍長を相手に「戦争に勝つはずはないよ。兵隊がみんな泥棒していたのだから」と話していた。しかし盗んだのは軍隊の倉庫や炊事場にあった食糧であり、原住民の物は買うことはあっても、盗むことはしなかったと思う。

私は牛闘に一カ月しかいなかったから、原住民との接触もなく、詳しいことは分からない。だが初めから牛闘に駐屯していた学徒兵は「高砂族（たかさご）が鶏糞を肥料として使わずにためていたら、鶏糞の中にあるカリで火薬を造る可能性がある。気をつける必要がある」と指示されていたという。そんなこともあって原住民に気を使い、彼らの物を盗むことは自戒したのだろう。

しかし原住民の娘はよく学徒隊へ遊びにきて、いっしょに歌を歌い、踊りも踊っていた。終戦後も来ていたが、ある夜、山刀を腰にさげた原住民の青年が四人でやってきた。彼らは軍人軍属にとられないほど体格が悪いため、山に残っていたのだ。道で学徒兵に出会うと、必ず「兵隊さん、こんにちは」とあいさつしていた。それが、終戦後はあいさつをしなくなり、その夜は終戦後にきびしくなった日本軍の歩哨線を突破して、突然兵舎の前に現れた。学徒兵に囲まれて楽しそうに踊っていた原住民の娘四人の動きが止まった。原住民の男四人は腰の山刀に手をかけて学徒兵の輪の中に入り、娘四人の手を取って引っ張っていった。師範学校の学徒兵は呆然として見送っていたとのことである。牛闘以外の部落でも、こんな原住民の娘がたたかれているのを見たという学徒兵がいる。

朝早く牛闘に別れを告げたわれわれは、午後四時ごろ台北駅に到着し、「一〇日間休んで九月一〇日に登校せよ」と指示された。二中関係の幹部はいなかったはずだが、誰が指示したのかはまったく記憶がない。しかし師範学校生徒の話では誰が今後の指示をするかの問題で、小さな権力闘争があったそうだ。

まず中隊長についていえば、元師範学校の配属将校だが、戦争中は毎夜のように原住民の娘たちをはべらせて酒盛りをやっていた。だから終戦のニュースが伝わるやいなや、原住民が隊長を殺すといきまいているといううわさがわれわれの耳にも入った。

そして実際、この中隊長はあわてて山から逃げ出し、半月後に下山したわれわれを台北駅で迎え、師範学校の学徒兵とともに学校まで歩いていった。一方では師範学校の教師たちが、台北駅につく前に汽車の中で二等兵の階級章をちぎり捨てていた。まだ正式に除隊していないのに、

「もはや兵隊ではない。これから軍人に代わって教師として生徒を指揮する」というのだ。そして校門を目前にしたところで、後ろにいた教頭がバタバタと走り出し、「これからの指揮は井上がとる！」と大声で叫んだという。

学徒兵が校内に入ると、みずから二等兵をやめたばかりの教頭は当然のことのように演壇に上った。ここは学校であって軍隊ではないと言わぬばかりだ。指揮班長も中隊長を無視して「井上先生に敬礼、カシラーナカ！」と号令をかけたそうだ。

教頭は、「長い間ご苦労だった。諸君はもはや兵隊ではない。今後は学生の本分を守り勉学に励まなければならない」と訓示した。中隊長は除隊の声明と、訓示をする最後の職権行使を許されず、くやしそうに傍観していたという。

基隆中学では中隊長が除隊の声明と訓示をした後、やはり井上という教頭が、「今後は学生の本分を守れ」と訓示した。それを聞いていた見習士官は、何年もたってから「あのときはカチンときた」と回想していたとのことである。教頭の息子みたいな見習士官が、教頭を部下にしたくてもできなくなったことを永久にくやしがっているだけで、相手のくやしさを少しも考えないのだ。いじめにつながるこの支配欲、この動物本能をコントロールする教育と訓練ができなかったのは、事実を事実として正視する教育と訓練が行なわれていなかったからではなかろうか？

また、学徒兵の中にも食糧を盗んだ話にふれたがらない者がいるが、食欲も支配欲も動物本能であると認め、正視しなければ、まともな教育もできないのではなかろうか？

　戦争中の師範学校は八年制の専門学校であり、その教頭は高等官の最高位か、それ以上の高級文官である。そんな人が軍人の最下位の二等兵にさせられ、息子みたいな若造の部下にさせられたのである。その屈辱を忘れられず、怨みぞ深き日本軍の心境で一矢を報いたのは当然のことだったろう。

　だが、国体護持のために全国民は生命を捧げるべしという皇国史観にしたがえば、人間の尊厳を認めず人権を無視するのもまた当然のことだろう。それを教えていた教育者が自分自身の人権まで無視されることになったのも、自分自身に責任があると言わねばなるまい。一九九五年発行の『台北二中二二期生同好会誌』第一巻に、次のような回想文もある。

「二中の先輩が後輩をなぐることはたまにしかなく、それもビンタの一発か二発くらいで、誰もが納得できるような理由で説教もした。だが軍隊では中学四年に当たる師範学校予科二年生がいじ悪古兵のように徒党をくんで、わけもなく予科一年や二中の三年生をなぐっていた。とくに台湾人がねらわれた。私も食物をかむだけで歯が痛むほどやられた。五〇年もたった今日、この一文を書き上げて、やっと遺恨にけじめをつけた気持ちだ」

　実は師範学校の被害者は、戦後まもなく先輩（本科生）に応援を求め、加害者を学校に呼び出して報復し、謝罪させている。加害者の母親の中には学校に菓子折を持ってきて「お手柔らかにお願いします」と頭を下げたのもいた。

師範学校は全寮制が多く、軍隊のように一般社会とは隔離された密室性があったが、軍隊的いじめを放置していた教育者は、自らが被害者になるまで、加害者の側に加担していたのが真相だろう。「刑は大夫に上らず、礼は庶民に下らず」という身分差別で自由平等を犯罪視するのは、中国の礼儀文化の根本思想だが、日本の教育者は庶民とはちがう文官として礼遇されていたから、忠君愛国のために人権を無視することに協力し、犠牲にされた庶民のくやしさを考えることはなかった。

むしろ本家の中国人以上に、この身分差別の邪教を神聖化し狂信する日本人を育成していった。だから日本軍は、「上官の命令は朕（ちん）の命令にひとしい」と言っていじめを正当化し、二等兵にさせられた教育者は自らまいた種を自ら刈る羽目におちいったのではなかろうか。そしてまた戦後五〇年たっても反省すべきことを反省していないから、さまざまの形でいじめ問題が悪化しているのではなかろうか。戦死傷した台湾人元日本兵に対して、なすべき補償をしないのも、いまだに人権無視を改めない弱い者いじめの思想の現れではなかろうか？

V 戦後の混乱の中で

1　逆転した師弟関係

一九四五年八月末、軍隊から復員したわれわれは、九月一〇日、台北二中四年生に戻って半年ぶりに登校した。四年生の教室は二階にあった。教室に入ると、日本人クラスメートは一人も登校していない。かつての支配者として被支配者に報復されかねないと懸念したのだろう。支配・被支配の関係がなくなり、みんな大人になった後は仲良くつきあっているが、終戦直後はたしかにそんな空気があった。

朝会の鐘が鳴ってみんなが腰を上げかけたとき、「諸君はまだ日本人支配下の朝会に出るつもりか。それよりもこの教室で今後の学校運営について討論すべきではないか」と大きな声を上げた者がいた。八月一五日の真夜中にたたき起こされたとき、脱走の準備として軍服を二枚重ねて着たほど反日思想が強かった陳賓国君だ。

「そうだ、そうだ」と全員が賛成して他のクラスにも声をかけ、四年生百数十名が一つの教室に集まった。窓からみると、グラウンドには三年生以下の生徒が整列しており、教師たちは緊張して上の方を見上げている。

だが「学校運営の討論も、秩序を守って朝会に出た後にすべきではないか」という声が出ると、すぐに「それもそうだ」となり、みんなが階段を下りかけたところで、教師二等兵だったメクラヘビが、腕まくりしながら上がってくるのにぶつかった。（「メクラ」は視覚障害者に対する蔑称であるが、当時はそうした用語の使用を恥じるような人権思想はなかった。なにしろ一四、五歳の少年まで軍隊に送り込む時代だったのだ。）

この教師は台北二中を出たあと國學院大学に入り、卒業後は二中に戻って国語漢文を教えていたから、われわれの先輩でもある。しかし支配者意識が強烈で、征服欲をまる出しにしてメチャクチャに人をなぐるから、「メクラヘビ」と呼ばれていた。日本が戦争に負けても、個人の腕力で百数十名の中学四年生を制圧しようとするのだから、たしかに「メクラヘビ」のあだ名にふさわしかった。

われわれ四年生は校庭に出て三年生の横に整列した。ところが、今崎校長の訓話が始まり、「これから日本とシナは仲良くして」と言いかけたとき、「質問！」と叫んで手を挙げた四年生がいた。

「何か」

「日本とシナではなく、中国と日本と言うべきであります」

そこで校長は「シナ」という言葉には侮蔑の意味はないと説明したが、朝会のあとで「日本の教育は失敗だった」と力なく他の教師に話していたという。先生方もみんな元気がないように見えた。

ところがメクラヘビだけは例外だ。彼は朝会が終わるまで、整列しているわれわれの周囲をぐるぐる回って、「指を伸ばせ」と言っては二、三人の手の甲をたたいたりした。以前と同様に絶対服従させてみせると言わんばかりだ。まさに支配欲の権化にほかならないが、他の先生方は明らかにハラハラしていた。

朝会の後、われわれは「メクラヘビが明日もこんなことをしたら反撃しよう」と話し合った。続いて講堂で集会を開いたが、そこで「国語の授業は日本語をやめて台湾語を教えること、そのために早急に漢文教師を招くべきだ」という意見が出た。集会に出席していた校長も同意した。

その後まもなく校長は、「君たちは学徒兵になって苦労したから、早目に旧制中学四年の卒業証書を与えるようにしたいがどうか」と好意を見せてくれた。しかしわれわれは、「負けた日本の卒業証書なんかいらない」と断わった。これはしまったと気づいたとき、校長は中国人に変わっていた。それで新校長から卒業証書をもらうのにストライキもせざるをえなくなり、ひと苦労した。実をいうと、日本人の生徒は学徒兵にならなかった女学生も含め本土への転校準備として早目に修了証書をもらっていた。

学徒出陣前のクラス主任で、毎日放課後に三〇分も「誠」について説教をしていた誠先生は、学校が再開されても最初の一〇日間ぐらいは登校しなかった。初めて教室に入ってきたとき、われわれの前でこう言った。

「私がやってきたことについては、殴る蹴るの目にあっても仕方がないと反省している。ただ、すべては戦争に勝つためであったことと、私がいま教壇に立つ資格もないと反省し、この土間に立って話をしている気持ちだけは理解していただけたらありがたい」

誠先生の顔は、裁きを待つようなこわばった表情だった。

教室はしばらくしんとなったが、突然一人が立って、叫ぶように言った。

「お前ら、黙っているのか！　俺はがまんできんぞ」

そして彼は本当に誠先生に殴りかかろうとしたが、「まあまあ、先生もそこまで言ってるんだ」と周囲から止められた。

こうして誠先生は難をまぬがれたが、メクラヘビについてだけは「絶対許せない」と生徒たちの声は一致していた。彼は以前、日曜日になると、家庭訪問と称して生徒の家に出向いていき、昼食と夕食を生徒の家でご馳走になり、みやげをもらって帰ることにしていた。そして丁重に接待しなかった家庭の生徒に対しては、学校で因縁をつけて暴力をふるった。またわれわれが学徒出陣した後は、学徒兵の家族が送ってくる食料品を検査し、「兵隊がこんな物を食べたら下痢をする」と言って、絶対に下痢をしない彼の丈夫な胃袋につめこんでいた。そのうえ絶えず暴力をふるっていた。卒業生の中にも、メクラヘビが来たら連絡しろ、と言う者が多かった。

こんな空気の中でしばらく雲隠れしていたメクラヘビが学校に現れた日、われわれは彼を教室に呼びつけ、謝罪を求めた。そこには百数十名が詰めかけていたが、彼は傲然として「謝罪すべきことをした覚えはない」とはねつけた。メクラヘビはかつて相撲の選手もやった大男だ。文句があればどこからでもかかってこいと言わんばかりのメクラヘビに、一人の生徒が言った。

「学徒兵の時、ぼくは父が送ってきた紅茶糖を半分も先生にあげた。先生が『まだあるか』と言ったとき、『もうありません』と答えた。それ以来先生は、いつもぼくをにらみつけていた。それから山に登って木を伐り、崖の上から木材を落とし、まわり道をして再び肩にかつぐ作業をしていたとき、メガネを壊した近視のS君が僕の頭の上に木材を落とした。気絶した僕を戦友が介抱し、分隊長は山小屋で休めと指示した。それなのに帰隊後、先生は『幹部の許可なしに勝手に休んだ』と言って、メチャクチャに暴力をふるった。ここで謝まってもらいたい」

ところがメクラヘビは、平然とこう突っぱねた。

「木材に頭をやられること自体が精神がたるんでいる証拠だから、制裁するのは当然のことだ。謝まる必要はない」

生徒はくいさがる。

「あの木材は簡単にひょいと持ち上げられるようなものではなかった。まず片端を持ち上げて肩に乗せるが、前の方が重すぎて地面から離れない。自分の肩を木材の真ん中にもっていくために、木材を押したり引いたりしてひと汗かく。そんな必死の作業をしているときに、S君が木材を落としてきたのは、メガネが壊れていたためだ。精神とは何の関係もない。謝ってもらいたい」

だがメクラヘビは、「とにかく事故を起こすのは精神がたるんでいるのが原因だ」と繰り返すだけだ。別の生徒がたまりかねて、「先生は――」と言いかけたとき、「先生ではない、メクラヘビだ！」と後ろから大声を張り上げた者がいた。振り返ると、誰が連絡したのか、卒業生が一〇数名来ていた。

「メクラヘビ、貴様、本当に謝まらんつもりか」

卒業生の中には、棍棒(こんぼう)をひっさげているのもいた。さすがのメクラヘビもぶるぶるとふるえ出して、「僕が悪かった。謝まる、このとおり謝まる」と言って頭を下げた。

卒業生の数人が生徒たちをかきわけて教壇に近づいてきた。大柄な一人が「外へ出て決着をつけよう」と言いながらヘビの肩をたたいた。ヘビの顔は真っ青になっていた。

「カンベンしてくれ、僕が悪かった。このとおり謝まる。カンベンしてくれ」

ヘビは哀願を繰り返した。ふと気がつくと、別の先生が二人来ていた。二人は、「暴力はいけません」と言い、卒業生を押しとどめた。一人はさらに、卒業生の腕をとってヘビから引き離そうとした。この先生は軍隊ではヒステリー状態に陥り、わけもなく学徒兵に暴力をふるっていた。

しかし復員して正常に戻り、暴力を止める側に回ったのだろうか。私もわけもなく彼に殴られた一人だから、複雑な気持ちでなりゆきを見守っていた。

先生に腕をとられた卒業生が、それをさっと振り払った瞬間、その腕が当たったのか、先生の唇に血がにじんだ。それを見て二人の先生は黙ってどこかへ消えた。

卒業生の一人が、短い棍棒を振り上げ、ヘビの額に一撃を加えた。真っ赤な血が飛び散ると同時に、ヘビは脱兎の如くに教室を飛び出し、同じ一階にあった校長室へ逃げ込んだ。彼を追って卒業生も校長室に飛び込んだ（このとき四年生の教室は一階に移っていた）。

私たちもその後を追ったが、まだ体が小さかった私は乱闘のとばっちりを食わないように、校長室の入口で足を止めた。校長がカバンを持って出てきて、人力車に乗ってどこかへ消えた。治安当局に通報したにちがいないが、警察も憲兵も来なかった。

ヘビは校長室で殴る蹴るの目にあいながら、「悪かった、カンベンしてくれ」を繰り返していた。しかし卒業生の中から「待て待て、まず頭の傷の手当をさせて、それからまたゆっくり清算しよう」という声が出て、ヘビは二階の保健室に連れていかれた。頭に包帯を巻かれて、椅子に座っているヘビに向かい、卒業生の一人が言った。

「おい、メクラヘビ、お前はいつも無抵抗の人間を殴るのは実にいい気持ちがすると言っていた。俺も無抵抗の人間を殴る気持ちを味わってみたいが覚悟はいいか」

ヘビがかすれた声で答えた。

「ちょっと待ってくれ」

「よし、待ってやろう。覚悟ができたら、できたと言え」

ヘビは目を閉じて深呼吸を繰り返し、しばらくしてから言った。

「覚悟ができた。殴ってくれ」

卒業生はヘビに一発、また一発、思いきり往復ビンタをくらわして言った。

「分かった。無抵抗の人間を殴る気持ちはたしかにいいものだ。お前も無抵抗で殴られる人間の気持ちが分かったか」

ヘビは両手をヒザにそろえて、「ありがとうございます。よく分かりました」と神妙に答えた。かつては彼に殴られた者がそう言わされていたが、師弟関係が逆転したのだ。

「次は俺の番だ」と言って、卒業生の何人かが次々にビンタを食らわせた。そのたびにヘビは「ありがとうございます」と繰り返した。

この悲喜劇が終わりかけた頃、「おい、ガマが三年生の教室でいばっているぞ」という知らせが入った。四年生がメクラヘビをつるしあげていると聞いて、三年生たちも、「三年生をいじめたのはガマだ」といって、教室に呼びつけたのだ。

ところが、ガマもまた国漢の教師だったが、体格もヘビに劣らぬ巨漢で、そのうえ柔道三段だから、ヘビと同様にいばっていた。これはどうも自分たちだけでは手に負えないと思った三年生が、先輩に応援を求めたのだ。知らせを聞いて、それッと四年生と卒業生が三年生の教室に押しかけていった。教壇の上でムチを手にニラミをきかせていたガマの顔が、それを見てギョッとなった。四年生の一人が言った。

「おい、ガマ。お前は『台湾はゴムマリみたいなもので、シナから日本へとんできてまたシナの方へとんだが、そのうちまた日本にとんでくる』と言った。これはわれわれ台湾人に対する侮辱だ。われわれはお前を制裁する。台湾式制裁は、ぬかずいて謝まればいい。日本式は鉄拳だ。どっちの制裁を受けたいか、自分で決めろ」

ガマはしばらく考えてから答えた。

「台湾式制裁を受けよう」

「では、講堂へ行って国父の写真の前で謝まれ」

「いや、校門と国旗に向かって謝まるべきだ」

ということになり、ガマは校門前に連れて行かれ、道路に正座させられた。

国漢の教師だから作文はうまい。「私は……」と言って、「台湾人を侮辱したことを心からおわびいたします」と声高らかに唱えて、ガマはしばらく頭を地面にすりつけていた。

やがて頭を上げて立ち上がろうとしたとき、「待て!」と声がかかった。

「台湾を取り戻すガマの野望は、日本を再び戦争に巻き込み、日本人全体の平和をも奪う。だから、東を向いて日本人にも謝まるべきだ」

卒業生の一人だった。ガマは東を向いて座りなおし、頭を下げた。

「私は日本人全体の平和を乱すような発言をしたことを、同胞に対して深くおわびいたします」

そして立ち上がろうとしたガマに、卒業生がまた声をかけた。

「待て。戦争は世界の全人類の平和を乱すのだ。全人類に対しても謝まる必要がある」

ガマは校門に向き直り、また頭を地面にこすりつけた。

「私は世界の平和を乱すような発言をしたことを、全人類に対しおわびいたします」

そしてゆっくりと頭を上げたが、そのときのガマは、全身から力が抜けたかのようにがっくりと肩を落とし、すぐには立ち上がれなかった。そこへ、いつのまにか学校に戻っていた校長が、ただ一人の台湾人教師、林景元先生といっしょに出てきて、ガマをいたわる形で校内に連れ込んだ。

これも明白な師弟関係の逆転だ。かつての教師たるガマを教え諭す形で、三度も頭を下げさせたこの男は、われわれの二期先輩で陳という。学徒兵の時は私と同じ小隊にいた四人の分隊長の一人だった。前章にも書いたように、中学時代から反日的で、五年生の夏休みには一カ月ほど憲兵隊で皇国史観の特訓を受けたこともある。

その皇国史観を頭から否定し、人類的立場から戦争に反対する平和論は共産党のものだが、当時の私はそのスケールの大きな指摘に新鮮な感動を覚えた。これは終戦直後の台湾で共産党がすぐに地下活動を開始し、陳氏がその地下党員になっていたことを示している。

2　台湾語を守れ！

日本の台湾統治は「恩威並行」で、先に述べたようにその教育政策は国語（日本語）の普及を第一目標にしていた。この「皇民化」教育を受けて、学徒兵にもなったわれわれ台北二中の生徒は、終戦で復員する前夜のお別れ会で台湾語の歌を歌おうとしても、誰一人歌える者がいなかった。これは「皇民化」政策の大きな〝成果〟と言えるだろう。

だが軍隊から復員して、初めて登校した九月一〇日、われわれはすぐに台湾語を国語として教授すべきだと校長に要求し、台湾語の授業が始まった。ところがこのあと一〇月下旬に中国軍が進駐してくると、北京語こそが国語だということになった。これは台湾問題の複雑さを示すものである（くわしくはこの後に述べる）。

しかし中国当局はすぐには台湾語の授業を禁止しなかったから、私はしばらく台湾語で漢文を勉強することができた。台北二中には数人の漢文の先生が招かれたが、われわれ四年生を担当した魏清徳先生と楊仲佐先生は、台湾を代表する詩人、あるいは四大詩人と評価されていた。両先生ともすでに白髪の高齢であり、隠居生活をしておられたのを、特別の要請で教壇に立たれることになったのだが、本来ならば大学院教授になるのがふさわしい人たちである。

だが両先生は、「私がこんな年で教壇に立つのは、台湾の将来を背負う英才たる台北二中の諸君を育てたいためである。諸君も大いにがんばってもらいたい」と言ってわれわれを激励した。では台北一中、台北高等学校、台北帝大には育てるべき英才がいないかというと、かれらの大多数は引き揚げを待つ日本人であり、台湾の将来とは関係がないとされていたのである。

そのうちに魏清徳先生は、われわれに向かってこう呼びかけた。

「台湾の将来を背負う台北二中の諸君に、一つアドバイスをしたい。台湾の民族英雄たる林献堂先生の御令息でケンブリッジ大学に留学した林攀竜先生を校長に迎えることだ。学生代表を選出して台中の霧峰にあるご自宅を訪問し、礼を尽くしてお願いすべきである」

林献堂先生は、文化協会や台湾議会期成同盟など、日本統治下において台湾人のために活躍した諸団体の最長老リーダーであり、日本が去ったあとは台湾省長か台湾省議会議長に就任すべきだと台湾人の衆目は一致していた。しかるに中国国民党は省長（行政長官）は大陸人の陳儀陸軍大将、議長は戦争中に大陸に渡った台湾人、黄朝琴と決めており、林献堂のために何の配慮もしなかった。

このように中国政府との関係がぎくしゃくしている林献堂先生の令息に、公立中学の校長就任を要請しても、婉曲に断わられる可能性が大きく、魏先生もそれを知らぬはずはなかった。それでもあえてわれわれに行動を促したのは、大人が説得するよりも名門台北二中の生徒の熱意が林献堂先生を動かす力になるだろうと考えたからである。

だが残念ながら、林献堂先生はその後、日本に渡り、死ぬまで台湾に帰らなかったほど政府との対立が深く、魏先生とわれわれの期待は実現しなかった。そして、日本との関係からすれば中国に歓迎されるべきはずの林献堂先生が逆に敵視されたように、台北二中も台湾語も、中国にとっては存在しない方がいいものになった。

それでも当初は、中国人も台湾語を利用していた。陳儀行政長官が一〇月二五日に正式に台湾を接収する前に、台湾に派遣されてきた事前工作員の中には、台湾語を話せる福建人が何人もいた(周知のように台湾人の祖先は福建、広東省出身が大半を占める)。

九月下旬だったか一〇月初旬だったか、台北市大稲程(だいとうてい)の第一劇場で盛大な集会があった。集会の名称は覚えていないが、演壇に立った弁士は、全員がこれまでの日本人の横暴を批判し、罵倒していた。

台湾人で最初に東京帝大を出て米国にも留学した林茂生(りんもせい)博士が演壇に立った。博士は、「若者の多くは、台湾語では立派な演説ができないというが、そんなことはない。日本人が台湾語を使うのを禁止したから、若者は台湾語が下手になったのだ。これから勉強すれば立派な演説ができる。自信がない者は僕の所へ来い。僕が教えてあげる」と自信満々で断言した。その瞬間、会場に割れんばかりの万雷の拍手がわき起こった。

林茂生博士は幼少の頃から漢文を学び、日本語も勉強して、大学で英独の文学、哲学を専攻した後もみごとな漢詩を作る。がっちりした長身の体軀は堂々たるもので、眼光はけいけいとして人を射るがごとく、東西の学識を縦横に駆使して、自信満々の台湾語で演説をするその声、その姿は、台湾人の英雄ここにあり、と受け取られたようで、拍手の響きわたる中から、「そうだ、そうだ！」と応じる声もあった。

福建から台湾接収の事前工作にきた黄（張）中佐という軍人も、台湾語と全然変わらない閩南（びんなん）語で、「台湾人は祖国のふところに帰った。諸君の身体と私の身体の中には同じ血が流れている。われわれは同胞なのだ、同胞なのだ」と繰り返し、やはり万雷の拍手で歓迎された。中国人が台湾人と同じ言葉で、台湾人を同胞と呼んだことで、「元日本国民」としてどんな扱いを受けるか分からないと懸念していた台湾人はほっと安堵し、熱烈に中国軍の台湾進駐を歓迎したのである。

3　中国語と台湾語をめぐる問題

一〇月二五日、陳儀行政長官は正式に台湾総督兼台湾軍司令官の安藤利吉陸軍大将の武装を解除し、行政権を引き継いだ。まもなく公署前広場で学生や市民相手の演説も行なった。だが今度は、その演説は通訳なしにはまったく通じなかった。

「これは何語だ？」

「北京語だ。中国の国語だよ」

「台湾語は国語にならんのか」

「台湾語は文字がない土語だよ、国語にならんのは仕方ないよ」

陳儀の演説を聞きながら、われわれ中学四年生はこんな会話も交わした。

台湾語に漢字で表現できない語彙が多いことはたしかだが、北京語にしても古代漢文とは意味のちがう当て字が多い。それにこの問題は日本語のようにカナで解決できるし、台湾長老教会はすでにローマ字で解決している。

しかるに多くの台湾人が「漢字で完全に表現できない台湾語は土語であり、国語にならない」

と考えてしまったのは、明らかに中華思想によって誤った国家観念を植え付けられていたからである。

そして中国人も、これを当然のこととして、まもなく日本人と同様に学校で台湾語を使うのを禁止するようになった。しかも、日本人が日本語を普及させるために台湾人に土地と金を出させ、全島のいたる所に建てた学校は北京語普及に利用されたから、そのスピードは実に速く、台湾語消滅の恐れはますます大きくなってきた。

英国支配下の香港人は、母語たる広東語で学校教育をやってきたが、中国の支配下に入ったら、やがては台湾人のように母語で勉強するのを禁止されるだろう。中国の近代化につれて広東、福建、上海などもだんだん母語が消滅させられていくだろうが、これを当然のこととするような国家観には大いに問題があろう。

以下、台湾語と中国語の音韻について、私は自分なりに研究をつづけてきたので、私の見解のポイントだけを簡略に述べておきたい。

日本人の読者には意外に思われるかも知れないが、李白や杜甫、屈原などの律詩を、福建、広東などの南方語で読むと、だいたい韻をふめるが、北京語では押韻ができない。

というのは、唐朝以降の北京は、遼、金、元、清などの北方民族に長期にわたって支配されたため、北京語は本来の中国語と遠くかけ離れたものになってしまったからである。これは韻書

（音韻字典）によっても証明できる。

漢字の音韻は地域や民族によって異なるが、漢詩の押韻の基準は、六〇一年（隋の時代）に作られた「切韻」、それを補充した六七七年（唐の時代）の「唐韻」、宋の時代の一〇〇八年の「広韻」（二万余字）、一〇三七年の「集韻」（五万余字）であり、すべての漢字を六一韻に分類している。

ところが金朝の平水（洪水対策）官だった劉淵は、この六一韻を三〇韻に整理した。これは金朝以後も使われ、その後は「平水韻」と呼ばれる韻書になっている。

たとえば「集韻」において、Uウ韻（宇、羽、父、夫、府など）、ɔヲ韻（戸、兎、古、虎、祖など）、Oオ韻（登、藤、曽、増、朋など）、ioヨ韻（蒸、承、勝、升、徴など）の四韻に分類されているのを、「平水韻」ではUとɔを同韻としてUウに統一し、Oとioも同韻として単母韻O（またはN）に統一し、二韻にまとめているのである。

ところがこれを台湾語で読むと、Oオとioヨは同韻として複母韻io（またはin）にまとめられるが、Uウとɔヲを同韻とすることはできない。さらにこれが日本語になると、Oとioの単母韻、複母韻の差は明確で、ヲとオについては（かつては区別されていたが）現在では同韻としてまとめられるということになる。

もともと「集韻」というのは、漢字の音韻について異なる読み方をしていた各地方の代表者が合議する形で、各地・各民族の音韻を整理したものである。具体的に言えば、あるグループの漢字をめぐって、それを同韻とするか、二韻、三韻に分けるかの問題で民族間に対立が生じたさいは、細分化する方に従うという原則で整理したから、六一韻になったのである。したがってどの民族からみても「集韻」の六一韻は細分化しすぎていることになり、これを自分たちの母語にもとづいて三〇韻か四〇韻にまとめるのは、もちろん各民族の自由である。しかし律詩を作るときは、六一韻を一六輯（集）に分類し、同一輯内か隣接輯内の各韻の漢字で押韻するという約束があり、その元となっているのは「集韻」なのである。つまり「集韻」は漢字を使う諸民族の共通の押韻字典になっているわけで、この「集韻」さえ押さえておけば、金人のように独自の「平水韻」を作らなくても、律詩の押韻の基準は分かるのである。

ところが漢字音韻学の世界的権威とされている北京大学の故王力（おうりき）教授は、「集韻」が諸民族共通の音韻字典になっていることを認めない。そしていかなる単一民族もその言語を六一韻に細分化することはできないから、これは書面言語または天が作った天書であり、天才以外は解読できない無用の長物にすぎず、「平水韻」の方が現実的な音韻字典になっていると主張している。

つまり北京人である王力教授は、北京語に近い金人の「平水韻」こそ古代からの中国標準語であると言いたいのである。しかも王力教授だけでなく、清朝時代に基礎が作られ、現在まで通用している『辞海』『辞林』などの辞典でも、「平水韻」を引用しているのが多い。しかし漢字を用いる諸民族共通の「集韻」を引用しないで、金人にしか通用しない「平水韻」を引用するのは問題があると分かっているため、何を典拠にしたかを明記していないことも多い。

そのために生じた混乱は、諸橋轍次著『大漢和辞典』にも持ち込まれている。だから『大漢和辞典』では前述のUウ韻とɔヲ韻に入る漢字をすべてUウ韻とし、これは「集韻」に基づくと明記しているが、実は「平水韻」に基づいてこそɔヲ韻が消滅するのである。

台湾語には読書韻と白話韻があり、一般には漢字と関係がないのが白話だと考えられている。だが「集韻」の第三三韻から三八韻までの六韻に入る漢字は唐詩に近い読書韻で読めば半分の三韻にまとめられ、白話韻との組み合わせで読んでこそ六韻に分かれるというようなケースもあり、白話はすべて漢字と関係ないのではなく、唐朝よりはるか以前の戦国時代の屈原の詩に近いケースも多い。また前述のOオ(登)とioヨ(蒸)のように、単母韻Oと複母韻ioの区別を明確にした古韻をそのまま継承しているのは日本語だけで、北京語や台湾語では両者を区別できないというケースもある(日本は弥生時代から中国と交渉をもって漢字を受け入れ、のちに独自のかな文字でその読みを定着させたから、当時の韻が今日まで生きつづけているのである)。

私は日本の植民地だった台湾に生まれ、台湾語とともに日本語も母語同様に教えられた。また若くして、生きてゆく必要から北京語も習得させられた。したがってさまざまの民族語の音韻の特徴が分かるようになり、別に留学しなくても、台湾語、日本語、北京語、福建語、広東語、べトナム語、タイ語など諸民族の音韻を比較するのは、日本人や中国人よりも容易である。

だから、漢字音韻学の権威とされる王力教授が「集韻」は解読しがたい天書だと言っても、私から見ればそれは漢字を用いる諸民族共通の貴重きわまる文化財であり、それによって各民族・各地域の漢字音韻には規則正しい対応があることも分かる。そしてこの「集韻」に照らせば、促音やM止まり閉鎖音がなく、鼻音が少ない北京語は、古代中国語とは遠くかけ離れた北方語にすぎず、その北京語を「国語」とするために南方人が自分たちの母語を捨てる必要はないと言わざるを得ない。世界の諸民族の言語・文化の擁護が叫ばれ、それこそが世界平和の基礎だとされる共存・共生の時代であればなおさらのことである。

4 校名変更運動

ところで、II章で述べたように、日本統治下の台北の州立中学は、台北一中から四中まで、四校あった。一中は一八九八（明治三一）年創立、終戦前の一学年定員は二〇〇名だが、台湾人生徒はそのうちわずか数名、二中は一九二二（大正一一）年創立、定員は当初の一〇〇からだんだんふえて二一期以降は二〇〇となったが、そのうち台湾人が一六〇名を占めた。三中は一九三七

（昭和一二）年創立、定員一五〇名で、うち台湾人が一〇数名、四中は一九四一（昭和一六）年創立、定員は同じく一五〇名で、うち台湾人二、三〇名だから、二中だけが台湾人主体の中学校になっていた。

古都の台南も、一九一四（大正三）年創立の一中が日本人主体、一九二二（大正一一）年創立の二中が台湾人主体だった。ところが台南二中の台湾人は、戦後まもなく「日本が負けたのだから、今度は台湾人主体の二中が『一中』になるべきだ」と言い出した。台南一中の台湾人はわずかしかいないから、いささかの抵抗もみせずに校名変更を認めた。

このニュースが台北に伝わってくると、台湾人主体の台北二中も「一中」になるべきではないかという声が上がり、われわれも教育処にかけあったが、中学校が多い台北は台南のようにスムーズにはいかなかった。たしかに「二等」よりも「一等」の方が望ましいが、しかしこれまで台北二中は一中よりも優秀な全島一の中学校だと自負していたこともあり、二中生の中には台北二中の名を他人に使われたくない気持ちもあった。卒業生も同じ気持ちで校名変更を望まない者が多かった。だから問題はややこしくなった。

それに、まったく思いもよらないことだったが、ある日、台北四中の生徒一〇名ばかりが抗議に来た。二中の次に台湾人が多いとはいえ、四中が一中になれるはずもない。いったい何事かと校庭で立ち話をした内容は次のとおりである。

「台北二中のあなた方が教育処へ行って校名変更を求めるのは、あなた方の自由だとわれわれは考える。しかし一中、三中、四中の台湾人は、日本人にしっぽをふって日本人主体の中学に入ったと言うのはやめていただきたい。日本人は〝四本足の犬〟だから、犬にしっぽをふった一中、三中、四中の台湾人は、〝三本足の三脚〟だと言うのも放置できない。これは人格にかかわるだけでなく、政治的迫害を受ける恐れもあるからだ。もしわれわれを〝三脚〟だと言うのなら、二中生の中にも『国語家庭』になり『改姓名』した者が少なくないが、これも〝三脚〟と言われても仕方がないだろう。二中生に改姓名せざるを得なかった事情があるように、われわれも四中に入らざるを得ない事情があったことをお互いに確認して、われわれを〝三脚〟と言うのをやめてもらいたい」

二中生はこの申し入れを無条件で受け入れたが、一、三、四中の父兄の中には、死にものぐるいになって校名変更に抵抗する者もいた。その代表が杜聡明（とそうめい）博士だった。

当時の台湾人の博士、教授といえば、医学関係のほかは文学と哲学の林茂生（りんもせい）博士しかいないという別格の存在だった。医学博士は何人かいたが、杜聡明はその医学界において、他の博士たちの恩師に当たる大御所だった。ところが、この杜聡明博士は息子や娘を台湾人主体の台北二中や三高女には入れず、一中、四中、一高女などに入れていた。したがって二中生が民族精神うんぬんで校名変更を求めるのは、杜聡明にとって面白くなかったわけである。

杜聰明は、中国国民党の前身で、孫文が一九一四年に日本で創立した中華革命党にも加入しており、「二中に入ることだけが愛国ではない」と主張できる条件はあった。しかし、杜聰明は大陸に渡って抗日戦に参加したわけではなく、台湾でも反日よりも親日的なことしかしていないから、中華革命党への入党は投機的なものにすぎなかったのが真相だろう。それに、かりに功労があったとしても、校名変更に反対する理由にはならなかったはずだが、大陸からきた中国人はなぜか杜聰明に全面的に協力した。

その理由については、「日本人に抵抗した伝統を誇る二中生は、中国人にも抵抗する可能性がある」と警戒した中国人が、二中をつぶすために、杜聰明を利用したとしか考えられない。とにかく教育処は二中生の要求を拒否し続けていた。

州立女学校は台北に四つ、台南と台中に二つずつ、その他の都市には各一校しかなかった。このうち台中、台南は第二高女が台湾人主体だが、校名変更は求めなかった。台北では一高女よりも古い歴史がある台湾人主体の第三高女の代表三人が、ある日、二中の校門までやってきた。校名問題で〝共闘〟するために来たのだとわかってはいたが、二中生には校門へ出て「ウエルカム」という者が一人もいなかったから、彼女たちはバツが悪くなり、まもなくひきあげた。

戦争が終わったといっても、当時は男女共学がなく、中学生と女学生が道端で立ち話をしても「不良」とされる時代だった（これは日本本土でも同じだった）。女学生に出した中学生の手紙が親の手に入り、中学校に報告されて停学処分、しかもその中学生が軍隊に入り、幹部候補生訓練を終えたとき、「君は成績抜群だが、中学時代に女学生にラブレターを出すような男は皇軍の将校にするわけにいかない。下士官止まりだ」と宣告されたという事件もある。

だから台北二中生は第三高女と〝共闘〟しなかったが、それは二中生が校名問題で全力投球していなかったこととも関係があろう。全校生徒が教育処に押しかけたのは一回だけで、後は四年生だけが折衝に動いていた。先輩、父兄に応援を求めた集会も一回だけで、それも口頭伝達だから、出席した先輩、父兄は百人ぐらいだった。

ところがその集会で、医者をしていた父兄の一人が、「われわれの相手の杜聰明博士は、自分の息子、娘のために全力投球しているのに、本校の父兄会長、林茂生博士は何もしていない。これはまことに残念なことだ」と言い出した。

これに対し林茂生博士は、「私は日本や海南島で路頭に迷っている台湾人を一日も早く帰台させるため、多忙をきわめているのだ」と答えたが、「いくら忙しくても、父兄会長として二中の問題にも少しは時間をさくべきだ」と医者はくいさがり、他の父兄があわてて仲裁に入るという一幕もあった。

当時の海南島は中国国民党の支配下にあったが、国民党は日本の軍人軍属を先に送り返し、台湾人はそのまま放置していた。そのため、海南島から金を出しあって漁船で帰台した台湾人は、早く何とかしないとみんな飢え死にしてしまうと報告していた。一方、日本本土の台湾人は飢え死にしそうな状況にはなかったが、やはり漁船で沖縄から帰台した者もおり、国民党が海外台湾人の帰郷に努力していないことは事実だった。

林茂生博士は自分が社長をしている『台湾民報』でもこの問題を何回も取り上げ、当局の善処を要望していた。学術誌『台湾民俗』の日本人編集者池田敏雄氏も、九月一九日と一〇月三〇日の日記でこの問題に触れているから、当局の誠意のなさは否定できない。だから、林茂生ら台湾人有力者が一中と二中の校名問題よりも、海外台湾人の生命にかかわる引き揚げ問題で多忙をきわめたのも仕方がなかったといえよう。

5 台北二中の抵抗精神とその後の悲劇

こうした中、ある日、台北二中の四年生は、手分けして教育処その他の関係機関へ抗議に行くことにした。二中の近くにあった杜聰明の自宅にも二〇人ばかりが押しかけ、代表二人が家の中に入ったが、杜聰明の娘に子ども扱いされたのか、何の成果も得られないまま出てきた。彼らは「相手が美人だから、強い抗議はできなかった」としか報告しなかった。

しかし教育処の方は、台南の前例もあるため頭ごなしに拒絶することもできず、一、二、三の序列争いをやめて、台湾人を代表する台北二中は、台湾の民族英雄たる鄭成功（ていせいこう）を記念して「成功中学」とし、その他は「仁愛中学」「和平中学」「建国中学」としたらどうかと言い出した。日本時代から台湾人を代表するとの意識が強かった二中生は、それもよかろうとして受け入れた。ところが教育処は一、三、四中の日本人を仁愛中、台湾人を建国中に入れて、日本人が引き揚げた後の仁愛中を廃校にするというややこしいこともしていた。一方、和平中には私立や大陸から来た生徒を入れていた。

しかもその後の教育処の公文書は、一中に当たる建国中学を二中に当たる成功中学の前においているから、実質的には序列は変わっていない。本当は一中と一高女、二高女を廃校にするだけで序列を解決できるし、なぜ一中、一女、二女がないのかといぶかる後世の人に対しても、歴史の一端を説明できることになる。だが当時の台湾人は政治的かけひきになれていなかったから、杜聡明を利用した中国人のわなにはまったといえよう。台北二中二三期の杜武志（とぶし）は、祖父の弟に当たる杜聡明のこんなやり方に抗議したこともあるが、全然通じなかったという。

かくして、新入生募集でも、大学合格者発表でも、新聞に中学名が出るときは、常に建国中学がトップだから、成功中学はいつのまにか〝二、三流校〟になってしまった。しかも女学校の方は四校あったのを二校に整理するとの理由で、一高女はそのまま残し、三高女は二高女に改称、三高女生徒が抗議するのを利用してさらに「中山女中」と改称し、三高女の伝統を消し去って、やはり〝二、三流校〟にしてしまった。また四高女は、仁愛中と同様に、最初はすべての日本人生徒を収容したが、日本人の引き揚げとともに廃校になった。

かつて台北の一中と二中、第一高女と第三高女の間には、いずれが全島一の優秀校かという競い合いがあったが、中国時代になってから台湾人を代表する二中と三高女がつぶされ、日本人を代表していた一中と一高女が圧倒的優勢で勝利したのである。

これはどう見ても正常な現象とはいえない。日本の台湾統治との関係も深いから、これを中国学の資料として活用すれば、日本人も中国についての理解を深めることができるはずだが、日本の学者は戦後の台北でこんな現象が発生したことも知らない。歴史教科書では古代の孔子、孟子といった哲学者、近現代の孫文、蔣介石、毛沢東といった権力者について詳述しているが、それだけでは中国と中国人を真に理解することはできない。

台湾人も日本の中学校で中国史を勉強していたが、現実の中国人については何も知らなかった。だから、終戦直後に台湾に進駐してきた中国軍を「同胞」として歓迎し、まもなく裏切られ、「中国人は豚だ、台湾から出ていけ」と叫んで一斉蜂起し、数万人も殺される悲惨な目に遭っている。

二・二八事件と称される一九四七年二月二八日のこの一斉蜂起は、わずか一週間で弾圧されたが、そのあとがさらに大変だった。金持ちと見られただけで逮捕された者も数知れず、身代金を払って釈放された者もいれば、身代金を払えないために殺された者もいた。

台湾各地の有力者も、有力者というだけの理由でかなりの数が殺されたが、林茂生博士もその一人に入る。林博士は、上述の通り終戦直後の台湾人の引き揚げ問題で政府に善処を求め、その他の多くの問題でも善処を求め続けていた。それだけで中国の権力者の目には抵抗者と映り、二・二八事件では何もしていないのに逮捕され、そのまま永遠に帰ってこなかった。同様の運命に遭った台湾人は枚挙にいとまがない。

学校では教えないことだが、中国国民党も共産党も、権力をとった後は正義感に燃える抵抗者を歓迎しない。大陸や台湾でどれだけ抵抗者が殺されたかも統計がない。林茂生以上に日本人に抵抗した林献堂は、中国時代に入ってから、かつて仇敵視していた日本に亡命せざるを得なかった。

台北二中の生徒たちは教育処へ行って校名変更を求めるときも、台北二中には抵抗精神の伝統があると強調した。それに対し、中国人は、「われわれはむろん抵抗精神がある者を歓迎する」と口先で応対しつつ、抵抗者をつぶすことを考えていた。だからまもなく、林献堂も林茂生も台北二中もつぶされてしまった。

かつての台湾人は日本人を「四つ足の犬」と呼び、日本人にこびへつらう台湾人を三本足の

「三脚（サーカー）」と呼んだ。戦後は中国人を唐国の山からきた「阿山（アースウア）」と呼び、中国人にこびへつらう台湾人を「半山（プアースウア）」と呼んだが、最近は「三脚」も「半山」も死語に近くなった。時代が変わったと言えばそれまでだが、しかし台湾はまだ完全には台湾人の台湾とはなっていない。抵抗精神の健在を祈るばかりである。

6　時代の激浪に翻弄されて

前にも述べたように終戦直後の台湾人は、かつての支配者日本人の横暴を列挙して批判し、蔣介石の国府軍の進駐を歓迎して万歳を叫んだ。だがそれもつかのまで、「犬が去って豚がきた、犬の方がまだましだった」と嘆き悲しむ身となった。一九四七年二月二八日、「豚は出ていけ」と叫んで一斉蜂起した結果は大虐殺だった。終戦当時、台湾人の大多数は日本の教育を受けていたが、高齢者は清朝時代の中国教育を受けていた。だから中国の歴史については相当の知識があったはずだが、現実の中国人については幻想と誤解しかなかったのである。

戦前の台湾の大学、高等学校、専門学校は日本人が大多数を占めていたから、台湾人差別だと批判されていたのは当然だった。だから戦争が終わって日本人が引き揚げたとき、台湾人主体の台北二中の四年生は、大学進学のライバルがなくなったと喜んだ。ところがこの二・二八事件を引き起こすほどの中国人（国府軍）の暴虐と猛烈なインフレにより、三分の一が旧制中学四年修了証書をもらっただけで学校を中退し、進学よりも飯にありつくために必死になるという事態になってしまった。私も大学には行けなかった。

その後の私の足取りについて書けば、また一冊の本になってしまうが、とにかく生きてゆくだけで精いっぱいだった。終戦翌年のある日のことだ。そのころ私は交通不便な山脚の家を出て、台北市内の従兄のところに転がり込んでいたが、英文雑誌社の外務員募集の広告を見つけ、履歴書を書いてその雑誌社を訪ねた。公務員をつづけていた父の給料は、インフレの上に支払いを三カ月も引き伸ばされ、頼みの恩給ももらえなかったから、私も就職を考えたのだ。

ところが雑誌社の社長は、私の履歴書を見て、二中生ともあろうものが何で学校をやめてこんなところに来るのか、と逆に私を説教し、問答無用で不採用を宣告した。

私は山脚の家に帰り、山の畑で働きはじめた。台湾で言う「自耕農」だ。そのうちに、戦後の混乱期で教員が足りないというので、母校の山脚国民学校で代用教員をやるようになった。

しかしこの間にも、猛烈なインフレが進行する。しかも、新しい中国の為政者は教育に熱意を示さず、下級公務員の教員の給料は最低だ。たまたま叔父が闇屋（密輸）をやっていた。沖縄の与那国島（よなぐにじま）と台湾は当時の木造船でも六時間から八時間で行ける距離だ。台湾から米や砂糖を積んで与那国へ向かい、それを米軍払い下げの衣料や薬品に代えて持ち帰り、台北市内で売りさばくのだ。大陸が共産化する前は、上海から買いにくる中国人もいた。

この密貿易は、沖縄戦によって日本本土や沖縄本島から切り離された沖縄の先島（宮古群島と八重山群島、与那国島はその一つ）でも終戦直後の一時期を生き延びるための命綱となったようだ。宮古の郷土史家、仲宗根将二氏は「密貿易ルートは、本土、台湾、香港、マカオへまで伸び、生活必需品のほか薬品、書籍、映画のフィルムまで持ち込まれたのだった」と書いている（『観光コースでない沖縄・第三版』高文研）。

私もこの密輸を手伝うことになった。密貿易船は蘇澳（時には羅東、宜蘭）の海岸に着く。そこへ出かけていって、品物を買い取り、台北まで運んできて売りさばく役目だ。当時は台北の道端でこうした密輸品を売っており、米軍のラシャの軍服を黒く染め直して着ている人をいくらも見かけた。しかし現場を押さえられれば、もちろんただではすまない。あるとき、蘇澳の港から品物を台北へ運んでいこうとしているところを、私は警官に見つかった。さては没収か、とあきらめかけたが、警官は「保証人はだれか」と意外なことを聞く。もちろん〝保証人〟などいるはずがない。すると警官は、「ちょっと待て」と言い、どこからか〝保証人〟なるものを連れて来た。その〝保証人〟から私は、品物の十分の一を納めれば釈放される、という説明を受けた。十分の一は賄賂、つまり汚職だ。これは私にとって、〝中国社会学〟の第一歩になった。

そのうちに上層部の本格的取り締まりがきびしくなって、密輸はできなくなった。それで兄の師範学校の同期生がやっていた写真屋の助手になった。助手からやがて技師になり、この仕事は三、四年ばかりつづけた。

そのあとまた山脚に戻り、隣村の五股（ごこう）の国民学校の代用教員になった。これも三年ほどやったが、とにかく給料が安い。そのうちに山脚に米軍のレーダー基地がつくられ、米軍が駐留するようになった。そこで再び闇屋になった。米兵とつきあい、彼らに米軍基地内のPXで米国の煙草やビール、化粧品などを買ってもらって、それを金持ちの台湾人に売りさばくのだ。これもつかまれば賄賂で解決だから、私の〝中国社会学〟のレベルはどんどん進歩した。

こうした生活をつづけながら、私は本だけは乱読した。戦後、引き揚げ前の日本人が道端でたき売りしていたさまざまの本をかなり買い込んでいたので、それを片っ端から読んだのだ。とくに河上肇の『貧乏物語』には大きな衝撃を受け、国家や社会についてもいろいろと考えた。すでに蔣介石の国民党は中国共産党との内戦に敗れ、中国大陸は社会主義体制下に入っている。台湾人の中にも共産党に身を投じたものが少なくない。しかし私は、貧窮のどん底にあえぎながらも、人権無視の学徒兵時代の苦い体験が頭にこびりつき、軍隊生活も共産生活だったが、共産主義には自由がない、全人民を兵営に投げ込むのにひとしいのではないかという疑念がどうしてもぬぐえなかった。かといって、いま台湾を支配している国民党の暴虐と腐敗は許せるはずがない。

私の心は次第に台湾独立の道へとかたむいていった。

二五歳のとき、私は国民党の軍隊に二カ月間入隊させられた。徴兵制ではない。当初、国府軍は徴兵制をしくだけの予算がなかったため台湾人青年にくじを引かせ、くじに当たったもの約五分の一を軍隊に入れていた。その後、くじに当たらなかったものについても二カ月の軍隊訓練を課すようになり、それで私も兵営に入れられたのだ。

兵営に入れられた台湾青年の中には当然、国民党の独裁に対する憤懣が満ち満ちている。私がいた二カ月の間に、ストライキも起こった。実は、私が扇動したのだ（その詳細は来日してまもなく雑誌『自由』一九六四年五・八月号に「国府軍二等兵物語」と題して発表した。六・七月号に出なかったのは蔣政権の干渉による）。証拠を押さえられないようにうまくやったつもりだったが、扇動容疑者として取り調べられ、思想に問題ありとして政府のブラックリストに記載された。

除隊した後、またもさまざまの仕事を転々としたが、ブラックリストにのった以上、いつまたどんな目にあうかわからない。数年がかりでひそかに準備を重ね、チャンスをつかんで役人を買収、一九六二年三月、日本への脱出亡命を果たした。すでに三二歳になっていた。

Ⅵ 人権と正義の回復を求めて

1　私の最初の人権訴訟——強制退去令取消訴訟

一九六二年三月、観光ビザを使って日本に渡ってきた私は、まず東京都文京区の精華（せいか）寮の友人の所へ身を寄せたが、在留権をとるためには大学に入る必要があると助言された。たまたま精華寮の向かいにある拓殖大学が学生募集をしていたので、急いで応募し、幸い合格した。

しかし三カ月の観光ビザが切れた後は、不法残留者として国外退去令を出された。以後、長い苦難の日々がはじまる。わずか一五歳で学徒兵にとられ、日本国のために挺身（ていしん）した〝元日本兵〟を、外国人として生命の危険がある所へ追い返す日本政府こそ不法ではないかと抗議したが、まったく聞き入れられず、逃亡と収容所生活、そして仮放免生活の繰り返しになった。ついには自発的に出国しなければ、本当に強制送還すると言い渡された。

私の従兄も日本軍に入り、フィリピンで戦死して一銭の補償ももらっていない。私の父も小学教師を長年勤め、皇民奉公会に「奉公」したのに、戦後は恩給をもらっていない。そのうえ、〝元日本兵〟の私を追い出すのはあまりにもひどい話ではないか？　私はこれこそ不当不法な扱いとして、広く世に訴えるため、ビルの警備員をやって生活をつなぎながら手記を書きつづけた。

原稿は警備員の職場で知り合った村林健治さんの紹介で三省堂新書編集部の梅田正己さんの手に渡り、浅見広司編集長の支持を得て、一九七〇年一月、『知られざる台湾』として出版された。台湾は五〇年にわたって日本の植民地支配下に置かれ、数多くの日本人がそこでの生活を体験しているにもかかわらず、戦後国際政治の波間で翻弄され、台湾の歴史や内情についてはほとんど知られていなかった。そんなこともあって『知られざる台湾』は期待していた以上に広く読まれた。日本の国会議員に読ませるために千部も買ってくれた林炎星(りんえんせい)氏ら台湾人グループもいた。

一方、私は、この本の出版と同時に、政治犯不引き渡しの原則にもとづき、東京地裁へ退去令無効確認訴訟を起こした。このとき弁護を引き受けていただいたのが、のちに最高裁判事となり、この一九九七年八月末、家永教科書訴訟三二年の最後の判決をくだした第三小法廷の裁判長、大野正男弁護士であり、同じ事務所の山川洋一郎弁護士であった。両弁護士のご尽力と、マスコミや読者の支持もあって、政府は判決を待たず、退去令を取り下げて、出入国管理局は私に対し三カ月ごとに申請する特別在留を許可した。

2　日本国籍確認訴訟から無国籍確認訴訟へ

しかし、許可されたのは三カ月ごとに再申請を要する特別在留である。無条件在留権ではない。世界人権宣言には、「何人も、ほしいままにその国籍を奪われ、又はその国籍を変更する権利を否認されることはない」（第一五条）と明記されている。そして日本政府は、一九五二年四月二八日発効の連合国との平和条約（サンフランシスコ条約）の前文で、「世界人権宣言の目的を実現するために努力する」ことを誓約している。

だとすれば、生まれ落ちて以来「日本国民」である私に一言の相談もなく、私を〝外国人扱い〟にするのは、条約違反にもなるのではないか。そう私は考えて、一九七三年二月、日本国籍確認訴訟（昭48行第一八号）を起こした。最初は新寿夫弁護士が、途中から茆原洋子、佐藤優弁護士が弁護に加わってくださった。

この件について日本政府は、「連合国との平和条約で日本が台湾に対するすべての権利を放棄した後、台湾は帰属未定になり、台湾人は無国籍になった。行政上は方便として中国籍扱いにする」と国会でも説明していた。そのため台湾人と結婚した日本女性も中国籍扱いになったから、私よりも先に日本国籍確認訴訟を起こした人もいた。

この女性の訴えに対して一九六二年一二月五日、最高裁は、「日本国民だった台湾人を無国籍にするのは無責任だ。日華条約で中国籍になったと解釈すべきだ」と判決した。条約で勝手に個人の国籍を奪うこと自体が無責任だとは考えないのである。

ところが日本政府は、「平和条約で台湾に対するすべての権利を放棄した日本は、日華条約で台湾人を中国籍にする権利もあり得ない」という論理で、これまでの根本的主張は変えない。ただし台湾人を中国籍扱いにする政府の現実行政は、最高裁によって正当化されたことになるから、政府はこの判決を受け入れた。

まったく複雑怪奇な話だが、ある裁判官は少数意見として「日本占領軍司令官マッカーサーが日本人を代表できないように、台湾占領軍司令官蔣介石も台湾人を代表できない。だから蔣政権と日本政府との日華条約は台湾人を拘束できない」と主張していた。この正論を参考にすれば、対日平和条約の解釈も無条件に台湾人を拘束できないと理解できよう。

そのうえ一九七二年九月の日中復交以後の日本政府にとって、中国というのは大陸を指すことになったから、台湾、台湾人の法的地位はますます複雑になった。そこで、これまで対日平和条約を根拠にしていた日本政府は、日華条約を根拠にする裁判所と妥協して、「平和条約あるいは日華条約で台湾人は日本国籍を喪失した。その後はどうなるか関知しない」とますます無責任なことを言い出した。これが私に対する回答であり、最高裁判所も政府の無責任を問わなくなり、八三年一一月二五日にそのとおりに判決した。

すると、私の外国人登録証明書に「中国籍」と書いてあるのは、根拠がないことになる。そこでこれは「無国籍」に訂正すべきではないかと、私は外登証の発行人である居住地の文京区長に訂正を求めることにした。無国籍ということになれば、かりに国外退去令が出ても、受け入れ国がなく、退去させられないからだ。それに、台湾人は中国人ではない、と日本の行政府に確認させることは、国際的に大きな意義があるからだ。

私の訴えに対し区長は、「日中復交前の台湾人を中国籍として登録したのは誤りがない。その後に変更があったとしても、登録変更を申請すべきであり、訂正を申請する理由はない」と主張した。

それに対し私が、「日本国民として生まれた私は自分の意志で国籍を変更したことはない。変更があったかなかったかは、いつも政府が一方的に決めている。私は登録証の国籍記載が事実に合わないから訂正を求めているだけだ」と説明しても、文京区長は同じ主張を繰り返すだけだった。

そこで私は、「無国籍確認訴訟」(昭60行ウ第一四八号)を起こすほかなかったのだが、それに対しても被告は「登録証の記載事項が事実と一致しなくても何の不利益もないからかまわない」と居直った。まもなく私の転居で「被告」は文京区長から埼玉県の川越市長に変わったが、東京地裁(宍戸達徳裁判長)は「台湾人の国籍が日本から中国に変わったのは台湾政府の法律に基づくものだ」と判決した。つまり、平和条約や日華条約で無国籍か中国籍になったという日本政府の主張も、最高裁の判例も、関係ないというのである。

もし被告がこんな主張をしたら、その矛盾を追及するのは簡単だが、裁判官が被告に代わって変なことを言うのは手に負えない。私は、「台湾のいかなる法律の第何条にそんなことが書いてあるのか明示せよ。明示できなければ判決を撤回すべきである」と東京高裁に控訴するほかなかった。

ところが私の控訴状を見てから、「台湾にはそんな法律がないらしい」と分かった高裁（野崎幸雄裁判長）は、わずか三カ月後に「当裁判所は一審判決に誤りはないと考える」と判決した。これはまったく弱い者いじめの暴力行為にひとしく、真の法治国家の裁判とはいえまい。台湾人は無国籍だと国会で説明している日本政府が、現実行政で中国籍扱いにするのは、特殊情勢下の政治的配慮だろう。であれば、台湾元日本兵に対しても生命を脅かすような退去令を出さず、特別の配慮をすればいい。裁判所にこんな無茶な判決を出させ、法の尊厳を損なう必要がどこにあろうか？

私は、「この訴訟は国際問題である。対日平和条約第二二条は『条約の解釈又は実施に関する紛争が生じたと認めるときは、国際司法裁判所に決定のため付託しなければならない』と明記されている。日本の裁判官が人権無視の恥さらしの判決をくだす必要はない。まともな判決が出せないならば、国際情勢の変化で自然に解決されるのを待てばいい」と最高裁へ上告した。最高裁（貞家克己裁判長）はなるほどと分かったようで、これを三年近くも放置していたが、待ちきれなくなったのか、一九九二年七月に却下した。

しかし私は、この訴訟は国際司法裁判所などの第三者調停がないと不公正だといまでも考えている。そしてこれを全人類に理解してもらうために、孤軍奮闘をつづけている。

3 台湾は中国の「固有の領土」ではない

日清戦争の講和条約である馬関条約は、日本の台湾領有を規定したが、第五条で台湾住民が日本国籍を取得するか否かは自由に選択できると認めていた。これは百年も前の帝国主義時代のことである。まして現在は民主主義の時代、人権と自決権を何よりも尊重すべきことは国連憲章、世界人権宣言、国際人権規約などに明記されている。

にもかかわらず中国は、台湾人の国籍問題、台湾の領土問題について、台湾人の自決権を認めないと公言している。そしてその主張の根拠とされているのは、台湾は中国の「固有の領土」ということである。

しかし「固有領土論」で、国際人権規約Aの第一条にかかげられた「人民の自決の権利」を奪うことは許されない。ましてや、歴史的に見て台湾は、決して中国の「固有の領土」ではない。

国際人権規約A・第一条　すべての人民は、自決の権利を有する。この権利に基づき、すべての人民は、その政治的地位を自由に決定し並びにその経済的、社会的及び文化的発展を自由に追求する。

以下、台湾が中国の「固有の領土」ではないということについて、資料と歴史的事実にもとづいて簡潔に論証しておきたい。

中国文化の根本教典たる「四書五経」の中でも、最も尊いゆえに「尚書（しょうしょ）」とも称される「書経」は、中国最古の歴史書でもあるが、最初の天子である帝尭（ぎょう）について、「よく俊徳を明らかにし、百姓を平章し、万邦を協和させた」と記述しており、本来の中国は天子を盟主とする〝連邦国家〟だったことを示している。

禅譲と人民の支持で次の天子になった帝舜（しゅん）、帝禹（う）についても同様の記述があり、そのあと禹の息子の啓（けい）が中国最初の世襲王朝たる夏（か）朝を創立したことになっているが、どこに存在していたかという客観的証拠はない。「三字経」は、天子世襲を独裁の始まりとして批判している。

しかし夏朝の次の殷（いん）（商）王朝は、甲骨文字などによって河南省の一角に存在していたことが証明されている。そして商の天下を奪った次の周王朝についても、天によって中国（商）を与えられたと「書経」に記録されている。

この周代の孔子も「中庸（ちゅうよう）」二〇章で、「天子は滅ぼされた国を復興させてこそ諸侯に敬服される」といっており、天子を中国連邦の盟主とみなし、諸国の武力行使を禁止するのが天子の任務であるとしている。

また同時代の楚人の首長である熊渠も、周朝の天子に爵位の昇格を求め、それを断わられると、「我は蛮夷なり、中国の号諡に与らず」と居直り、自ら天子と同様に王と称したとある（「史記」四〇）。

「楚河漢界」「四面楚歌」「朝秦暮楚」などの熟語をみても、楚人が中国人を自称する漢人や秦人とは異なる民族国家を形成していたことは明らかである。まして言語も文化も異なる南方や台湾が中国の「版図」だったということは考えられない。

以上は古代の記録であるが、近世にいたっても、台湾が中国の領土だったという証拠はない。あるのは逆に、「非固有」を示す証拠である。

たとえば大清一統誌（巻三三四、三三五）及び乾隆府州県図誌（巻四〇）には次の記述がある。

「台湾は古代より荒服の地、中国に通じず、宋朝以前は野蛮の地、元朝は東番の地、明朝の天啓年間に紅夷オランダ人が占拠したが所属は日本。その後は鄭成功が窃据し、今は台湾府を置く」

この両書にはまた、「紅夷が日本から台湾を借りた」との記録もある。これは浜田弥兵衛らがオランダの台湾支配に抵抗したことをさすらしいが、こんな誤解も中国が古代から台湾に通じていなかったためであり、台湾を「固有領土」といえない証拠はいくらでもあるのだ。

さらに二〇世紀に入っても、たとえば毛沢東は、「中国という国ができたとき、湖南、湖北はその一部に入っておらず、蛮地または楚の国として独立していた」と一九二〇年九月六日の『長沙大公報』で主張している。中国と境界を接している地つづきの湖北、湖南も中国の固有領土ではないというのだから、まして海を隔てている台湾が中国の「固有領土」ではあり得ない。

清朝の次に台湾を支配したことになる中国国民党も、日本の台湾統治四〇周年（一九三五年）に当たって、陳儀福建省長を派遣して祝辞を述べさせており、それ以前も台湾を「固有領土」と言ったことはない。また、国民党を創立した孫文は、恵州蜂起（一九〇〇年）を前に、台湾総督・児玉源太郎の協力を求めて渡台し、成功したら福建省を日本に任せるとすら約束していた。

のちにこの国民党を倒した中国共産党の指導者、毛沢東も、一九三六年七月一六日の米国のジャーナリスト、エドガー・スノウのインタビューに対し、「台湾の独立を熱烈に支持する」と言明していた。これはスノウの『中国の赤い星』にも記録されている。

中国共産党は一九二八年の六中全会、三一年一一月七日採択の憲法、三四年一月の毛沢東発言、三五年の八一宣言、一二月二五日の政治局決議、三八年一〇月の毛沢東の新段階論、四一年六月の周恩来の「民族至上と国家論」などでも、台湾の独立を主張している。したがって台湾を中国の「固有領土」と言えないのは疑問の余地がない。

なお第二次大戦中、米英両国は、カイロ宣言で「台湾の中華民国返還」をうたい、ヤルタ協定で「満州におけるソ連の権利」を支持した。しかしこれは、中ソ両国を対日戦につなぎとめるためのもので、議会の承認も経ていない首脳だけによる戦時中の宣言には法的拘束力はない、というのが国際法の原則である。もしそれを認めず、カイロ宣言による「台湾の中華民国返還」を正当化するなら、一方のヤルタ協定による「満州におけるソ連の権利」も認めざるを得なくなる。したがってこれらの宣言は、対日平和条約ではまったく触れられていない。

このように歴史的事実に見る限り、中国の「台湾固有領土」論は否定されるのに、それが強力に主張されるのは、まさしく国家権力の横暴にほかならない。その結果、台湾人の人権は見捨てられ、放置されてきた。台湾人の人権抑圧は、日本の植民地支配から数え、すでに一世紀をこえる。歴史の真実に立ち戻って、台湾人の人権を回復し、台湾海峡を平和の海へと転換してゆく、それ以外に解決の道はないと確信する。

4 新たな戦後補償訴訟に向けて

ところでいま、「従軍慰安婦」問題をはじめさまざまな戦後補償問題が、韓国、中国、台湾、フィリピン、インドネシアなどアジア各国の被害者から提起されている。日本がアジアの中で生きてゆく以上、「歴史の克服」はどうしてもやりとげなければならないはずだが、残念ながら日本政府はこの問題に背を向けているように思われてならない。私の国籍確認訴訟でもそうだったし、また台湾人元日本軍戦死傷者に対する補償問題でもそうだった。

この台湾人戦死傷者に対しては、台湾人による長年の訴えの結果、一律二百万円の補償が支払われたが、その額は日本人戦死傷者に対する補償（恩給）の五〇分の一程度にすぎない。しかも日本人は一二年（戦地勤務は一カ月を四カ月に計算するから、三年）の兵役に服しただけで、かすり傷ひとつ負わなくても、毎年平均百万円の恩給を受け続けている。これでは、「旧植民地ではいいこともした」とか「鉄道を敷き、道路を建設した」とか言っても、すべては日本国自身のための建設にすぎなかったことを自ら証明したことになろう。しかも、文官に対する補償（恩給）はまだ手つかずのままである。

台湾の元日本兵に対する補償運動の過程で、日本の国会議員による「台湾人元日本兵の問題を考える議員懇談会」が結成された。その第三回目の会合（一九八〇年一〇月二八日）に、私も「台湾元日本軍の補償を要求する会」の台湾人代表幹事として出席した。その折、総理府恩給局の代表は、「具体的債務としては、国籍喪失前の未払い文官恩給（教員は一七年、警察官は一二年で恩給権者になる）の問題もある」と言明した。ただし「だれも請求していないし、名前が日本式になっているため、日本人との区別もつかず、データもない」という説明だった。

しかしそれは、言い訳にならない。そんなことはすべての台湾人にわかるような形で「情報公開」をすれば、当事者が名乗り出るだろうから、すぐに解決できるはずだ。そう私は考えて、「戦死傷者問題とあわせて文官恩給問題も解決してほしい」と要請した。議員懇の方々も同意して、一九八二年三月一六日の台湾側の大使館にあたる亜東関係協会との合意書でもそうすることが明記された。しかし一〇数年たった現在も一歩もすすんではいない。

その責任は政治家のみならず教育者にもある。台湾人に対する「義務観念だけ植え付けて権利意識を生じさせない」かつての日本の愚民教育が功を奏して、文官恩給の支払いを請求する台湾人が一人も出現しなかったからである。(ただし、誰も問題にしていなかったわけではない。たとえば台北二中から少年飛行兵になった陳錫圭(ちんしゃくけい)[当時の改氏名・田川圭次郎]君は、辛うじて特攻出撃をまぬがれ上等兵で除隊したが、父の陳培漢氏は勲八等の勲章ももらった恩給権者であり、彼が調べたところによると、台湾関係の資料は戦後は沖縄県の中に分類されていたという。)もしこのまま歳月がたてば、恩給問題は未決済のまま歴史の闇の中に葬り去られてしまうことはまちがいない。

私が本書を執筆しているさなか、一九九六年九月二五日、補償問題で国籍差別をする日本政府に対し、陳謝を求めるシベリヤ抑留者が二人、出現した。一人は、現在中国籍の朝鮮人、呉雄根氏、もう一人は日本人の小熊謙二氏である。こうした具体的な行動で日本政府に反省をせまる日本人が一人しかいないのは残念だが、一人だけでもなすべきことをなす人が出現したことは喜ぶべきことである。すでに、川上英一弁護士はじめ飯島康博、山本晴太、中久保満昭、岡本理香弁護士らが、この訴訟を支持して活動されている。この川上弁護団長は、一九七三年に私がたった一人で国籍訴訟を起こしたとき、はじめて国籍差別の問題が存在することに気づき、関心をもたれたそうだから、たった一人でも行動を起こすものがいたら、大勢をくつがえすことがないとはいえない。

台湾人元日本兵戦死傷者の問題については、日本人戦死傷者の五〇分の一であっても一応は補償を支払ったことで、多くの日本人は一件落着したと考えており、この大勢をくつがえす方法は私にもいまだ見つけられない。しかし文官恩給問題については、前に述べたように日本政府も未解決だと認めている。そして私には、恩給権者（亡父）の遺族として請求権がある。もちろん請求しても、まともな補償が得られるとは思えないが、しかしこのまま歳月が経過してしまってから、請求しなかった方が悪いといわれても弁解のしようがない。

以上のように考えて、私は本書の出版に合わせ、文官恩給請求訴訟を起こすことを決意した。さらにこの訴訟によって、台湾・台湾人の問題は、国際司法裁判所などの公正な第三者調停を要することを明らかにすることもできるのである。

5　文官恩給請求訴訟の要点

a．恩給法に基づく請求

恩給法第六二条は、「教育職員在職十七年以上にして退職したるときは、之に普通恩給を給す……年額は退職当時の俸給の百五十分の五十とす」と規定し、また同法第一〇条は「恩給権者が死亡したとき、その生存中の恩給にして給与を受けざりしものは遺族に給す」と規定している。

従って原告の父が恩給権者であり、原告が遺族である証拠を提出し、未支給恩給の支給を請求する次第である。

b．平和条約に基づく請求

日本政府は、一九五二（昭和二七）年の対日平和条約によって台湾人は日本国籍を喪失したとし、「国籍を喪失した恩給権者は権利が消滅する」と規定した恩給法九条によって、恩給権も消滅したと主張している。

だがこれでは、台湾人恩給権者に対する日本国の債務も消滅したことになり、「日本国の債務は消滅できない」と規定した平和条約第一四条に抵触する。

さらに、平和条約に基づく「国籍喪失と債務」に関する日本政府の解釈は、同じ平和条約に基づく「国籍喪失と戦犯」問題についての解釈と明らかに矛盾する。

平和条約第一一条は、「日本国民戦犯に課せられた刑罰は、この条約発効後は日本国が執行する」と規定している。

そこで、平和条約によって日本国籍を喪失したとされた台湾人と朝鮮人の戦犯は、「もはや日本国民ではなくなった」として即時釈放を求めた。ところがこれに対して、日本の最高裁は、「日本国民であるときに刑罰を課された者は、刑期が終了するまで日本国民と同様に扱うべきである」と判決し、政府もそのとおりにした。

この最高裁の論理に従うならば、「日本国民であるときに恩給権を与えられた者に対しても、恩給権が終了するまで日本国民と同様に扱うべきである」としなければならない。そう認めてこそ、公正な一貫性ある法解釈になる。またそうしてこそ「日本国の債務は消滅できない」と規定した平和条約一四条との抵触も避けられるのである。台湾人に対する日本国の債務を消滅させる権利は誰にもあり得ないから、これが条約に明記されたのは当然のことなのである。

c・第三者裁定による解決

日本政府は台湾人が日本国籍を喪失したのは、平和条約発効の日（一九五二年四月二八日）と主張しているが、最高裁判決（一九六二年一二月五日）および東京高裁判決（一九六一年九月二〇日）は、日華条約発効の日（一九五二年八月五日）としている。さらに東京地裁判決（一九五八年九月一日）は降伏文書署名の日（一九四五年九月二日）とし、前出最高裁判決の少数意見として奥野裁判官はポツダム宣言受諾の日（一九四五年八月一五日）としている。

このような紛糾が生じるのは、台湾人の国籍について明文規定の法律がないためであり、法的根拠もなしに台湾人の国籍をうんぬんするから、政府と裁判所の間に紛糾があるだけでなく、原告との争いも起こるのである。

したがって、「この条約をめぐる紛争は、当事国政府によって国際司法裁判所に解決を付託しなければならない」と規定した対日平和条約第二二条に従って、第三者裁定を求めるか、あるいは原告の主張を認めるほかに、解決の途はないのである。

d．陳謝を求める理由

原告の父・林大英（りんたいえい）は小学校教師を一八年も勤め、恩給権者になった一九三九（昭和一四）年に退職して農会の専務になったが、四一年に皇民奉公会の第一線幹部に転職させられた。日本政府は農民の嫌がる米の供出を彼らの敬愛する恩師に説得させるために、そうしたのである。これはたしかに少しは効果があったが、ことはサイフの問題であり、米の供出を求める者は恩師といえども恨まれ憎まれる。強制捜査までやらされた警察官の中には、終戦直後に袋叩きにされた者もいた。つまり原告の父は、日本国のために、生命の危険がある仕事もやらされていたのである。

原告は一九四五年三月、台北二中三年修了と同時に学徒出陣させられた。復員後は、台北一中や上級学校の九〇％を占めていた日本人の引き揚げで、台湾人のエリート校である台北二中の生徒は大学進学のライバルがなくなったと喜んでいた。

ところがまもなくものすごいインフレになり、二中生の三分の一は旧制中学四年修了の証書をもらっただけで高校を中退し、大学どころではなくなった。

原告も、父が恩給をもらえなくなったため、一九六二年に日本に来るまで大学に入ることができなかった。しかも、観光ビザで日本に入国した台湾人が大学に入るのは違法とされ、国外退去令を出され、収容されたり、逃げ隠れしたりで、大学を出るのに八年もかかった。そのときは年齢はすでに四〇、まともな就職もできなかった。日本のために生命がけの仕事をやらされた元文官と元日本兵親子に対して恩を仇で返しているといわざるを得ない。

このために原告親子がこうむった物心両面の被害・損失は、被告が陳謝しても取り返しがつかない甚大な被害である。だがそれでも陳謝を求めずにいられない理由はある。なぜならば、経済大国日本の行政府が、このような人権無視の弱い者いじめを条約・法律の歪曲によって正当化するのは、子どもに対しても外国の政治家に対しても、悪い模範を示し、平和の実現を困難にするからである。したがって原告は、子どもを含む全人類の平和を守り、道義心を向上させるためにも、被告の率直な公開陳謝を求めてやまない。

太平洋戦争中の一九四二年五月一七日、台湾青少年団結成式に当たって、日本当局は「皇国の歴史的使命を自覚せしめて、皇運扶翼（ふよく）のために生まれ、かつ死せんとの皇民的性格を錬成する」ことを求めていた。原告の父は、教師あるいは皇民奉公会の第一線幹部として、このような青年を育成することを求められ、一方、原告は「皇国のために死ぬ」学徒兵にさせられ、さらに戦陣訓で「死して汚名を残すことなかれ」とも求められた。原告の従兄は、こうして南洋で戦死した。同様にして殺された台湾人青少年は三万人にのぼった。

こういう犠牲を強いられた台湾人の文官や軍人軍属に対して、明文の法的根拠もなしに、国籍を喪失したとし、したがって恩給権も消滅したと主張する被告こそ、「永遠の汚名を残す」ことになるのではないか。

原告はかつて、「目に見えぬ神に向かひて恥じざるは人の心のまことなりけり」という明治天皇の教えに従うことも求められた。過去の事実を率直に認めず、陳謝すべきことを陳謝しないならば、「人の心のまこと」をもたない恥知らずになるだろう。したがって被告は、日本人の名誉を守り、歴史に永遠の汚名を残さぬためにも、公開陳謝すべきなのである。

あとがき

本文にも書いたように、私が『知られざる台湾』を出版したのは、一九七〇年一月のことだった。三省堂新書編集長（当時）の浅見広司さんと同編集部の梅田正己さんのご理解と協力によって実現できた出版だった。

同書を私は、強制退去におびえながら書き、出版と同時に強制退去令取消訴訟を起こした。当時の台湾は蔣介石政権の下で戒厳令下にあり、台湾独立運動をやっていた私は、強制送還されれば死刑が待っていたからだ。

その二年後の一九七二年、米国の対中国政策の転換につづいて日本も中国との国交を回復し、それにともなって台湾との国交を断った。

国際関係は変わったが、蔣政権の独裁体制は変わらず、戒厳令も解けなかった。亡命独立運動家をめぐる状況も変わらず、私たちに対する日本政府の態度も変わらなかった。

そうした中で私は、漢字音韻学の研究をつづけながら、台湾人の自決権を求める国籍確認訴訟や「台湾元日本軍の補償を要求する会」「台湾の政治犯を救う会」などの運動をつづけた。

七〇年代は外国人の戦後補償についての人々の関心はまだほとんどなく、日本政府や裁判所の態度も無責任をきわめたが、しかし心ある日本人がいなかったわけではない。最初の強制退去令取消訴訟の弁護を引き受けてくださった大野正男、山川洋一郎弁護士、国籍確認訴訟の弁護をつとめてくださった新寿夫、茆原洋子、佐藤優弁護士や故永末英一代議士などである。

市民、文化人の中にも、私の人権訴訟に関心を寄せ、支えてくださった方々が少なくなかった。原文子、谷民子、井垣ツヤ、新井田佳子、岩田冷鉄、宮崎繁樹、向山寛夫、水野誠、川久保公夫、大島孝一、高橋三郎、岡本愛彦、山本七平、三井明、渡田正弘、内坂晃、国分輝、村林健治、木上隆幸、手塚登士雄さんほかの方々である。この方々は物心両面で私をご支援くださった。私が苦しい歳月を何とか生きてこれたのも、この方々のお蔭である。お礼の言葉もない。

一九八〇年代の後半に入って、ソ連のペレストロイカの進行を軸に世界の情勢は新たな展開をはじめた。そしてついに九〇年、東欧革命がすすむ中で東西冷戦は終結、市場開放が叫ばれ、世界は共存・共生の時代を迎えた。そうした中で台湾でも、蔣介石の跡を継いだ蔣経国も死去、台湾人の李登輝総統が生まれた。半世紀近くつづいた戒厳令も解かれ、民主化がすすんで外国に亡命していた独立運動家も帰国が認められるようになった。一九九三年、私も三一年ぶりで故郷に帰った。

こうして時代は変わった。ただ変わらないのは、外国人の人権や戦後補償に対する日本政府の態度だけである。日本の植民地時代、台湾で特高刑事だった寺奥徳三郎氏は『台湾特高物語』（私家版）の中で「当時は人権思想がなかったから、国のため即ち正義のためと信じて、メチャクチャな拷問をやった」と正直に反省している。彼の元同僚は、ほとんどが「そんな本は出すな」と反対したとも書いているが、教育者を含めて、寺奥氏のように正直に事実を認めて反省する人があまりにも少ないから、いつまでもアジア諸国の不信をかうような言動が後を絶たないのではないだろうか。


さて、再来日した私は、本書の出版とあわせて、長年の懸案だった文官恩給請求訴訟を提起しようと考えている。

この恩給請求訴訟の中では、前にうやむやにされた国籍問題も再度、争うことができる。たまたま亡父の残した恩給権によって提訴権を与えられた私が、国家間のパワーポリティックスの中で無視され、見捨てられてきた台湾人の基本的人権の一ツである国籍自決権の問題について、再び法廷でその正当性を主張できるのは、まさしく天命ではないかとも思っている。

本書を読まれたみなさんのご理解を、心からお願いする次第です。

なお、本書の出版に当たっては、旧著『知られざる台湾』の編集を担当していただいた梅田さんに、今回もお世話になった。末尾ながら、深く感謝いたします。

一九九七年九月二五日　林景明

復刻出版に当って

鴻儒堂出版社の黄社長成業先生の御好意で、拙著をより多くの同胞に読んでいただくために、台湾で復刻出版する運びになり、まことに幸いと存じています。

拙著は体験に基くものですが、異民族の支配と教育を受け世界大戦にまきこまれ、戦後も自由と平和を享受できなかった台湾人の体験は、真の文化と世界平和について真剣に考える人々にとって、大いに参考になり大いに検討すべきことになるではないかと、私は考えています。

読者の皆様にも言いたいこと、やりたいことが多々あるでしょうが、その第一歩として、みんなの体験記や意見を集めて本を作のも、重要な意義があろうとも考えられますので、御連絡と御協力を期待してやまない次第です。

林景明（Lim Kingbing. 日本読み：りん・けいめい）
1929年９月、台湾台北県新荘郡山脚（現在は泰山）に生まれる。1945年３月、州立台北第二中学校３年終了と同時に日本陸軍に入隊。８月の終戦まで学徒兵として兵営生活を送る。
1948年６月、台北成功高校（旧台北二中）卒業。以後、農業、小学校教師、中国国民党兵士などを経験。
1962年３月、日本に渡り、拓殖大学政治学部に入学、在留権問題で収容されたりしたため８年をかけて卒業。1970年１月、三省堂新書『知られざる台湾』を出版と同時に「政治犯不引渡（退去令取消）訴訟」を起こす（→72年９月）。以後、引き続いて、
1973年２月→83年11月、日本国籍確認訴訟
1985年７月→92年７月、無国籍確認（外国人登録証訂正）訴訟
などの訴訟を行いつつ、「台湾元日本軍の補償を要求する会」「台湾の政治犯を救う会」をつくり、人権運動をすすめる。
東京教育大学で民俗学、東京大学で中国古典の研究生となったりしたほか、独自に漢字音韻学の研究をすすめてきた。
『文芸春秋』『現代の眼』『朝日ジャーナル』などの雑誌に論文約30編を発表。

日本統治下台湾の「皇民化」教育

定價:280元

中華民國八十八年十月初版一刷
本出版社經行政院新聞局核准登記
登記證字號:局版臺業字1292號

著　　者：林景明
發 行 所：鴻儒堂出版社
發 行 人：黃成業
地　　址：台北市中正區100開封街一段19號2樓
電　　話：二三一一三八一〇・二三一一三八二三
電話傳真機：二三六一二三三四
郵政劃撥：〇一五五三〇〇之一號
E — mail：hjt903@ms25.hinet.net

法律顧問:蕭雄淋律師